ATLANTIS

DAS VERBORGENE WISSEN
DER WELT

W0039128

BASTEI
LÜBBE

Der Herausgeber der Reihe
ATLANTIS
Dr. Hans Christian Meiser,
ist Philosoph, Schriftsteller und Moderator der
TV-Sendereihe *Menschen-Kunde*.

Über den Autor:

Volker Christmann unterrichtet Wirtschaftswissenschaften und Germanistik. Seit mehr als zwanzig Jahren beschäftigt er sich mit den geheimen Lehren der Yoga-Praxis. Seine zahlreichen Reisen führen ihn immer wieder zu den Ursprüngen der östlichen Kulturen.
Weitere Veröffentlichungen: Das Yoga-Buch (1992), Dynamisches Yoga (1994).

ATLANTIS

VOLKER CHRISTMANN

DIE SIEGEL
DES LOTUS

VERSCHOLLENE UND GEHEIME
YOGAPRAKTIKEN AUS DEM HIMALAYA

BASTEI
LÜBBE

BASTEI-LÜBBE-TASCHENBUCH
Band 70 102

Originalausgabe
© 1997 by Bastei-Verlag Gustav H. Lübbe GmbH & Co.,
Bergisch Gladbach
Printed in Germany, Januar 1997
Einbandgestaltung: CCG, Köln
Fotos im Bildtafelteil: TS-Studio/Gerhard Tröster
und Volker Christmann
Illustrationen im Innenteil: Yogi Vikashananda
Titelillustration: Ender Güzey, München
Satz: Kremerdruck GmbH, Lindlar
Druck und Bindung: Ebner Ulm
ISBN 3-404-70102-X

In tiefer Dankbarkeit
für alle meine Lehrer.

Insbesondere für

**Swami Hansanand,
Prabuji Surya Prakash Saraswathiji und
Lal Bahadur Basnet.**

*»Wo der Ganges, die Wälder, die Höhlen im Himalaya
und die Menschen von Gott träumen,
dort ward ich geweiht.
Mein Körper hat jenen Boden berührt.«*
Yogananda

> »Wenn diese psychische Kraft in Dir geweckt wird, wirst Du all die Götter mit gefalteten Händen vor Dir stehen sehen, um Dir zu dienen.«

Impossibilities Challenged, Hardwar/Indien 1984

Inhalt

*Mögen alle Wesen
glücklich, friedvoll und frei von Leiden sein.*

Buddhistischer Segenswunsch

Vorwort

Das vorliegende Buch greift einen Aspekt des Yoga auf, der lange Zeit geheimgehalten wurde, denn die eigenständige Beschäftigung mit ihm galt als zu gefährlich, wenn man diese Übung ohne Lehrer vollzog.

Als ich auf einer meiner Reisen durch Indien einmal für ein paar Wochen am Fuße des Himalaya in einem Kloster Rast machte, lernte ich einige beeindruckende Männer kennen, die mich an ihrem Wissen über Yoga und Vedanta (Skrt. Veda anta = Ende der Veden, Schlußbetrachtungen zu den Veden, den ältesten Schriften des Hinduismus) teilhaben ließen. Bei einem unserer Gespräche erwähnte einer von ihnen eher beiläufig die »Siegel des Yoga« und meinte, daß wohl kaum noch eine Handvoll wirklicher Kenner dieser Praktiken existierten. Und so machte ich mich auf die Suche nach diesem uralten Wissen, um es dem Sumpf des Vergessens zu entreißen, bevor es – auch im Osten – völlig verloren geht.

Diese Praktiken, *Mudras* genannt, galten und gelten als die »Krone des Yoga«, als der Teil des Weges, der nach langer, langer Übung schließlich als Akt der Gnade vom Lehrer auf den Schüler übertragen wird. Jahrelange strikte Praxis von Körperhaltungen (*Asanas*)[1] und Atemübungen (*Pranayamas*) gehen diesen Übungen normalerweise voraus, doch können viele von ihnen auch ohne vorherige Praxis der Asanas und Pranayamas durchgeführt werden. Vor allem für ältere oder etwas ungelenke Menschen bietet dies den Vorteil, auch ohne »Körperverrenkungen« körperlichen, geistigen und spirituellen Nutzen aus diesen einzigartigen Übungen zu ziehen.

Mit den besten Wünschen für eine erfolgreiche Praxis.

An den Ufern der Ganga

Er lebte in einem kleinen Ashram in der Nähe von Lux-man Jhoola an den Ufern der Ganga[2]. Ich war vor einer Horde Affen in diesen kleinen *Ashram*[3] geflüchtet, und einer der *Swamis*[4] hatte mich gefragt, ob ich zum Yogalehrer, zum *Yoga-Acharya* wolle – ich kam aus dem Westen, was anderes sollte ich in diesem abgelegenen Winkel Indiens am Fuße des Himalaya suchen? Zwar hatte ich nicht vorgehabt, mit einem weiteren Yogalehrer zu »arbeiten« – ich war mit Vedantanand, Baba Ram Das und Bahadur[5] vollauf beschäftigt, aber da ich nun schon einmal hier war ...

Also stieg ich die Treppen zu dem flachen Dach hoch, auf dem mehrere kleine turmartige Zimmer errichtet waren, überschattet von Mangozweigen und *Pipals*[6], mit einem herrlichen Blick über den Ganges zum Dschungel auf der anderen Seite des Flusses. Aus dem Grün blinkten vereinzelt die vergoldeten Spitzen kleiner Tempel und Schreine, Nebel senkte sich langsam zur Ganga hin, Affen schnatterten, und der Fluß strömte gewaltig zwischen den *Ghats*[7], angeschwollen von den Regenfällen des Monsun.

»Die Affen sind wirklich bösartig hier, ganz anders als ihre Vettern im Dschungel. Sie haben keine Manieren. Sie verhalten sich wie richtige Bettler.«

Ich hatte ihn nicht bemerkt, als er neben mich getreten war: ein älterer Mann, um die sechzig vielleicht, kurzgeschorenes graues Haar, grauer, beinahe weißer Bart, kurzgeschoren auch er. Er trug Shorts, der nackte Oberkörper war schlank und doch athletisch, wie bei einem Läufer.

»Die vielen Pilger hier verderben sie mit ihren Leckerbissen. Sieh dir nur ihr räudiges Fell an. Das kommt von all den Süßigkeiten und *Chappaties*[8] , die man ihnen hinwirft.«

Er lächelte.

»Sie sind wie die Menschen: Wenn sie sich ihren Lebensunterhalt nicht mehr verdienen müssen, werden sie bösartig und träge.«

»Möchtest du einen Kaffee, für einen Tee fehlt jetzt die Zeit, der *Ashram* schließt in einer halben Stunde über Mittag, und ein guter Tee braucht seine Zeit«

Ein seltsames Angebot von einem Yogalehrer! Noch nie hatte man mir im Indien der *Yogis* und Heiligen Kaffee angeboten, selbst Tee bildete die Ausnahme, aber Kaffee? Doch dies sollte nicht das einzige »Wunder« bleiben, das ich mit ihm erlebte: Lal Bahadur Basnet, ehemaliger Parlamentssprecher Sikkims, ehemaliger Soldat (*Gurkha*), ehemaliger Sportler, Journalist, Lehrer, Magistrat, Schriftsteller und politischer Aktivist; die Liste seiner Tätigkeiten ließe sich beinahe ins Unendliche fortsetzen.

Wir tranken Kaffee – Pulverkaffee mit viel Milch gebrüht – und unterhielten uns über *Yoga* und Meditation und Hinduismus.

»Das Problem des Hinduismus, seit seinen Anfängen in vedischer Zeit, ist, daß sich zwei gegensätzliche Strömungen herausgebildet haben: hier eine hochentwickelte Philosophie des *Advaita Vedanta*[9], dort ein Weg bloßer Rituale. Und der rein rituelle Weg wurde stets von den Massen bevorzugt. Er machte und macht die *Brahmanen* reich, denn ohne sie gibt es kein Ritual. Nur sehr, sehr wenige sind zu wirklich höherer Erkenntnis in der Lage, und nur sehr wenige von ihnen haben diese Erkenntnisse praktisch erfahren. Deshalb findest du hier überall diese Tempel und Götter und was-weiß-ich-noch-alles. Deshalb kommen die Leute hierher zu ihrer Wallfahrt, deshalb läuten sie hier die Tempelglocken, spenden Geld. Sie baden in der *Ganga* und schreien ›Bole Baba bom bom‹. Das ist alles. Sie brauchen nicht weiter zu denken, sie brauchen nicht an sich zu arbeiten –

17

nichts. All das wird Gott schon für sie erledigen. Und selbst mancher hochgebildete Inder würde mit dir zu streiten beginnen, ja, selbst zu kämpfen, wenn du ihm erklären wolltest, daß *Shiva* nicht tatsächlich körperlich mit *Parvati* auf dem *Kailash* lebt, daß es nicht diesen *Brahma* gibt, der das Universum erschaffen hat, daß dies alles Symbole und Allegorien sind, von Menschen geschaffen. Sie haben nichts verstanden, überhaupt nichts, von Anfang an. ... Und all die großen *Yogis*? Man sagt, daß in den alten Zeiten die Götter von Frauen von ihren Sockeln geholt wurden, doch heute besorgt dies das Geld. Auch bei vielen der ›großen‹ *Yogis*. Sie gründen eine Organisation, um *Yoga* zu verbreiten, um der Welt einen Dienst zu erweisen, und dazu braucht man natürlich Geld. Und ehe man sich versieht, hat sich das Ganze verselbständigt, und man ist nur noch eine Marionette. Sie glauben zwar, die ›Sache‹ in der Hand zu haben, dabei hat die ›Sache‹ längst sie in der Hand.«

Er lachte und schüttelte den Kopf, klatschte sich auf die Schenkel.

»Aber du mußt jetzt gehen, sie wollen schließen. Komm am Nachmittag wieder oder morgen früh, dann können wir etwas *Yoga* üben.«

Auf dem Weg zurück begegnete mir Brahmananda, mein »*Pujari of Ahimsa*«[10] aus früheren Tagen. Erstaunt blickte er mich an, winkte mir stumm mitzukommen: Er befand sich in *Mawn*, im Schweigen, und durfte deshalb außerhalb des *Ashrams* nicht reden.

Vor seinem kleinen Zelt – aus Reissäcken genäht – nahm er mich in den Arm und zeigte seine Freude über das unverhoffte Wiedersehen:

»Du bist ein Inder«, sagte er. »Du bist zwar in Deutschland geboren, aber du bist Inder! In deinem nächsten Leben wirst du in Indien geboren werden!«

Das hatte ich nun zwar nicht gerade vor, und ich sagte

ihm auch, daß es eigentlich mein Plan sei, es in diesem Leben zu »schaffen«.

»Aber wir alle kommen wieder,« meinte er. »Darum haben ja alle Angst vor dem Tod, selbst die kleinste Mücke, weil wir ihn alle schon so oft erlebt haben, so oft. Und deshalb haben wir auch Angst vor der Geburt, der anderen Seite des Todes. Aber du wirst es schaffen. Du wirst den Tod besiegen und deine *Samskaras*[11] durchschneiden, und dann bist du frei. Du bist zwar etwas spät gekommen, aber der Same ist gelegt, er wird aufgehen. Allerdings mußt du zunächst noch das ganze Feld bestellen, das ist die Bedeutung von *Sadhana*[12]. Du bist auf dem Weg des Sadhana.«

Als ich ihn nach den Prinzipien der »rechten« Meditation fragte, antwortete er:

»Kümmere dich nicht um richtig oder falsch – tu es! Ob du den Samen richtig oder verkehrt herum in den Boden steckst, er wird in jedem Fall wachsen, also kümmere dich nicht um richtig oder falsch, es gibt Wichtigeres. Natürlich bist du für den Weg des *Yoga* etwas spät dran – Yoga sollte man eigentlich als Kind beginnen, dann wäre in deinem Alter das Feld bestellt, und der Samen könnte aufgehen – aber du wirst es auch so schaffen. Du hast zwar noch ein hartes Stück Arbeit vor dir, aber du wirst es schaffen. Du gehst diesen Weg nun schon recht lange ziemlich konsequent, und bald wirst du die Erfahrungen des Yoga-Weges machen: Wenn du das Stirn-*Chakra* erreichst, wirst du alles verstehen.«

Als die trägen Stunden der Mittagszeit, wenn der glühende Ball der Sonne alles Lebendige in den Schatten treibt, vorüber waren, ging ich, nachdem ich ein paar Mangos für Lal Bahadur gekauft hatte, im nahen Uferwald den Ganges aufwärts. Leichter Regen hatte eingesetzt, und es war eine Lust zu gehen: kühlendes Naß auf nackter Haut.

Der Tempel lag völlig verlassen im Dunst, nur ein *Swami* döste in seiner Zelle nahe des Eingangs. Lal Bahadur befand sich in seinem Zimmer auf dem Dach und las – in einem Buch: »Wie sage ich's auf Deutsch«.

Ich gab ihm die Mangos und ein Exemplar meines Yoga-Buches, an dem ich gerade arbeitete. Er blätterte es durch, betrachtete die Abbildungen und meinte, daß wir dann wohl darauf verzichten könnten, an den einzelnen *Asanas*[13] zu arbeiten.

»Aber das ist mir sehr recht, ich beschäftige mich zur Zeit sowieso vor allem mit *Bandhas und Mudras*[14], der inneren Disziplin des Yoga.«

Zwar war ich schon häufiger auf *Bandhas* und *Mudras* gestoßen, übte auch die eine oder andere aus, aber sie waren bisher stets Beiwerk gewesen, Nebenprodukte der einen oder anderen Übung. Da ich nun schon lange daran gewöhnt war, daß nichts, was mir in Indien widerfuhr, nichts anderes als Zufall war, daß alles irgendeinen – häufig erst viel später erkennbaren – Sinn und Zweck hatte, beschloß ich, zusätzlich zu meiner »Arbeit« mit Ram Das und Vedantanand, mit Lal Bahadur Basnet an dieser »Inneren Disziplin des Yoga« zu arbeiten. Ich wollte die verschollenen und geheimen Yogapraktiken in möglichst authentischer Weise erleben und verstehen lernen.

Die »Wurzeln des Lotus« –
Nadis, Prana und Chakras

Als ich Lalji – wie ich Lal Bahadur inzwischen nannte – wieder einmal besuchte und mit ihm über meine bisherigen Reisen und Erlebnisse in Indien sprach, erwähnte ich auch Brahmananda, meinen »Pujari of Ahimsa«.

»Aber warum arbeitest du dann nicht mit ihm?« fragte mich Lalji. »Nicht daß ich dich nicht gern bei mir hätte – ganz im Gegenteil! Aber er ist wohl einer der wenigen, der wirkliche Erfahrung mit diesen uralten tantrischen Übungen hat – und ich glaube, du findest in ganz Rishikesh und Umgebung, mit seinen Hunderten von Mönchen und Einsiedlern, nicht mehr als eine Handvoll, die diese Techniken wirklich beherrschen. Warum also fragst du nicht ihn?«

Und so hielt ich, als ich in der sinkenden Dämmerung entlang der *Ganga* zurückging, zu »meinem« *Ashram*, »meinen« Leuten, vor dem im Dschungel verborgenen, von Dornen umfriedeten Zelt des Einsiedlers. Doch mein Rufen blieb ohne Antwort, und ich stieg wieder hinab zur Ganga, setzte meinen Weg fort im silbernen Sand des Ufers.

Kurz bevor der Pfad die *Ganga* verläßt, sich für ein kurzes Stück Weges im Dschungel verliert, liegt die Höhle eines Heiligen Mannes, der vor kurzem verstarb – im Alter von vierhundert Jahren, wie seine Anhänger zu berichten nicht müde werden. Meist liegt sie um diese Zeit – es war Anfang Juli, Regenzeit – von tosenden Wassermassen umflutet, einen Steinwurf vom Ufer entfernt. Doch noch hatte der Monsun die *Ganga* nicht zu ihrer vollen Breite anschwellen lassen, und so konnte man die Höhle noch über ein paar Trittsteine trockenen Fußes erreichen. Und auf dem einsam aus dem Wasser ragenden Felsen saß im letzten Licht der untergehenden Sonne Brahmananda: *Sandhya*[15], jener mystische Augenblick, da alles in der Schwebe ist, Tag und Nacht sich die Waage halten – die Zeit der Meditation.

Ich setzte mich in den noch warmen Sand, schloß die Augen und versank in der Stille des Augenblicks. Als ich nach einiger Zeit – waren es Minuten? Stunden? – die Augen wieder öffnete, stand Brahmananda neben mir.

»Du solltest zurück ins Dorf! Die *Dschungel*[16] erwacht! Und nur wer sehr weit auf dem Wege des *Ahimsa*, der Gewaltlosigkeit, fortgeschritten ist, ist des Nachts sicher vor ihren Geschöpfen. Komm morgen bei Tagesanbruch wieder, dann können wir über alles reden.«

Als ich ihm anderntags erzählte, daß ich mich für *Mudras* und *Bandhas* interesssiere, machte er kein Geheimnis aus seinem Wissen.

»Die Spuren einer Beschreibung des Körpers, einer ›Yoga-Anatomie‹, einer ganzheitlichen Betrachtungsweise von Körper, Geist und Seele, verlieren sich in vorgeschichtlicher Zeit. Daher gibt es eine Vielzahl – zum Teil höchst unterschiedlicher – Beschreibungen dieser körperlich-geistig-seelischen Gesamtheit. Diese Beschreibungen verändern sich im Laufe der Jahrhunderte, sind abhängig von der jeweiligen Schule, der Erkenntnis des jeweiligen Lehrers, dem Entwicklungsstand des Schülers. Da die Beschreibungen meist auch noch in einer symbolhaften Sprache abgefaßt wurden, bieten und boten diese alten Texte ein geradezu ›ideales Feld‹ für alle möglichen Fehlinterpretationen. Ich kann dir daher nur die Lehren weitergeben, die mir meine Lehrer vermittelten und deren Wahrheitsgehalt ich auf Grund eigener Erfahrungen erleben konnte.«

Und er schilderte mir seine Sicht dieses uralten Wissens.

Atman und die drei Körper

Der der Vergänglichkeit unterworfene Mensch besteht nach der Philosophie des *Yoga* eigentlich aus drei wesentlichen Faktoren oder Körpern: Gefühl, Intellekt und physischer Körper[17]. Diese drei Körper (*Trikaya*) sind nicht zu verwechseln mit den »Drei Körpern« eines Buddha, doch entstammt die *Trikaya-Lehre* des *Mahayana-Buddhismus*[18] – wie vieles der buddhistischen Lehre – wohl älteren hinduistischen Quellen.

»Aber du kannst sie betrachten, Körper, Intellekt und Gefühle, folglich mußt du noch etwas anderes sein als diese drei Körper. Betrachter und Objekt der Betrachtung sind – zumindest auf dieser materiellen Ebene – niemals eins. Das Auge sieht alles, nur nicht sich selbst. Dieses ›Andere‹ ist dein unsterbliches Selbst (*Atman*), der ewige Zeuge (*Purusha*) deiner Wandlungen im Laufe der Jahrtausende, von dem es in den Upanishaden heißt:

»Ayam Atman Brahman,
dieses Selbst ist Brahman (Das Absolute)!«

meinte Brahmananda, als wir uns über die Wirkungen der *Bandhas* und *Mudras* unterhielten.

Diese drei »materiellen« Körper werden von »Energiekanälen« durchzogen und miteinander verbunden, den sogenannten *Nadis*. Sie transportieren die Lebenskraft (*Prana*) zu jeder Stelle in den drei Körpern und erhalten sie am Leben. Wird der Fluß von *Prana* gestört, entstehen Alter, Krankheit und Tod. Deshalb versucht der *Yogin*, die Lebenskraft zu erhalten und zu lenken. Es gilt also zunächst einmal, die Energiekanäle (*Nadis*) zu reinigen, damit *Prana* ungehindert fließen kann. Die Yoga-Lehre kennt hierzu eine ganze Reihe von Reinigungsübungen (*Kriyas*).

Eine besondere Bedeutung bei der Lenkung der Lebenskraft kommt einigen Energiezentren zu, die wie Transformatoren wirken und *Prana* in die einzelnen Körperteile lenken, den sogenannten *Chakras*.

Nadis – *Die Energiekanäle*

Brahmananda schaute nachdenklich auf den Strom:
»Um die besondere Wirkungsweise der Siegel des Lotus wirklich verstehen zu können, müssen wir uns zunächst einmal mit den Strukturen dieses Systems vertraut machen, das wir Körper nennen. Wieviel Mühe mag es wohl die *Yogin* in alter Zeit gekostet haben, hinter seine Geheimnisse zu kommen? Schon seit Tausenden von Jahren beschreiben sie den Aufbau des menschlichen Körpers bis in die feinsten Ebenen, Ebenen, in die die moderne Medizin erst ganz allmählich – mit Hilfe von Elektronenmikroskopen, Röntgenstrahlen, Computern und allen möglichen anderen Apparaten – vordringt. Wieviel Mühe! Wieviel Arbeit! Aber schon in den ältesten unserer heiligen Schriften steht es geschrieben, daß im Zeitalter *Kalis*, in dem wir uns ja gegenwärtig befinden, das ursprüngliche Wissen der Menschheit nur noch zu einem Viertel vorhanden sein wird. Und was diese ›Unwissenheit‹ tausendfach hervorbringt, siehst du ja allenthalben – Leid und Krankheit und Tod. Unwissenheit aus Unwissenheit geboren. Auch das Wissen der *Yogin* wird über kurz oder lang verschwinden. Es sind nur noch wenige, die es bewahren. Vielleicht hat es ja noch eine kleine Chance, jetzt, wo sich die Menschen des Westens scheinbar so eifrig um *Yoga* bemühen. Aber werden sie auch die Mühen dafür auf sich nehmen, ihren Preis für dieses einzigartige Gut bezahlen?« Zweifelnd wiegte er den Kopf. »Doch du bist hier um des Wissens willen, und wer ernsthaft fragt, verdient eine Antwort! Laß uns also zunächst einmal die innere Struktur unseres ›körperlichen‹ Seins betrachten.

›Von den 84 Asanas sollte Siddhasana[19]
stets ausgeführt werden,
denn sie reinigt die Unreinheiten der 72 000 Nadis.

Hatha Yoga Pradipika I/41

Es gibt keinen Weg,
außer der Übung der Kundalini[20],
um die Unreinheiten der 72 000 Nadis
wegzuwaschen.‹

Hatha Yoga Pradipika III/116

Wie kamen sie bloß auf dieses Wissen in alter Zeit? –
Natürlich gibt es da die Mythen, die besagen, *Shiva*
selbst habe sie uns Sterblichen übermittelt. Aber ich
habe da meine Zweifel! Sicher, alles Wissen kommt letzt-
endlich von IHM, aber, ich bin mir sicher, seine Wege der
Wissensvermittlung sind etwas subtiler, als es die Menge
glaubt! In tiefer Meditation wirst auch du dereinst die
Wirklichkeit dieser Beschreibungen erfahren, die selbst
eure westliche Wissenschaft noch nicht exakt orten
konnte. Sicher, auch im Westen bezweifelt heute kaum
mehr einer die Wirkung von Akupunktur oder *Ayur Veda*,
ihr Hintergrund jedoch ist im Westen noch kaum er-
forscht. Alles Leben – pflanzliches, tierisches und
menschliches – beruht auf *Prana*. Und die Wege *Pranas*
im Körper sind – wie es die *Hatha Yoga Pradipika*
schreibt – die *Nadis*. Auch andere autoritative Yoga-
Schriften und die *Upanishaden* beschreiben diese Energiekanäle des menschlichen Körpers. Von ihnen, die den
Meridianen der Akupunktur vergleichbar sind – haben für
die praktische Übung allerdings nur drei eine Bedeutung:

● Ida,
● Pingala und
● Shushumna.[21]

27

Werden diese drei gereinigt, so daß *Prana* ungehindert fließen kann und die *Chakras* angeregt und mit Energie versorgt werden, werden automatisch auch die übrigen *Nadis* gereinigt, die Lebensenergie versorgt den gesamten Körper:

> *Ida wird auch Göttin Ganges genannt,*
> *Pingala Göttin Yamuna.*
> *In der Mitte von Ida und Pingala*
> *befindet sich die kindliche Witwe Kundalini.*
> Hatha Yoga Pradipika III/103

Die *Nadis* gehören zwar nicht vollständig und ausschließlich dem physischen Körper an, doch finden sie hier ihre Entsprechung. Der Hauptenergiekanal, die *Shushumna*, beginnt am sogenannten Wurzelzentrum, dem *Muladhara Chakra* am unteren Ende der Wirbelsäule. Sie hat ihre körperliche Entsprechung in der Wirbelsäule. Links und rechts der Wirbelsäule winden sich die zwei Energiekanäle *Ida* und *Pingala* in entgegengesetzter Richtung um die Wirbelsäule. *Ida* beginnt an der linken Seite des Wurzelzentrums und bewegt sich von Zentrum zu Zentrum, bis sie schließlich auf der linken Seite des Stirnzentrums (*Ajna Chakra*) endet. Atmet man durch das linke Nasenloch ein, gelangt somit die Luft und die darin enthaltene Lebensenergie in diesen Energiekanal, atmet man durch das rechte Nasenloch, gelangt *Prana* in den rechten Energiekanal *Pingala*. *Pingala* beginnt auf der rechten Seite des Wurzelzentrums und windet sich entgegengesetzt zu *Ida* von *Chakra* zu *Chakra* um die Wirbelsäule, um schließlich auf der rechten Seite des *Ajna Chakra* zu enden. Sicher hast du schon bei den einfachsten Atemübungen bemerkt, wie wichtig hier die Harmonisierung dieser beiden Ströme genommen wird. Selbst der im Westen so vertraute Begriff des *Hatha Yoga* hat hier seinen Ursprung: Vereinigung (*Yoga*) von Sonne (*Ha*) und Mond *(Tha)*«, schloß er seine Ausführungen.

In der menschlichen Physiologie korrespondieren die beiden Energiekanäle mit den beiden Hälften des autonomen Nervensystems: Sympathikus und Parasympathikus. *Ida* korrespondiert mit dem parasympathischen Nervensystem und wirkt beruhigend und kühlend; *Pingala* regiert das sympathische Nervensystem, wirkt anregend und erwärmend. Während beim »normalen Menschen« einer der beiden Energieströme überwiegt, harmonisiert der *Yogin* diese Ströme und bringt so positive (*Pingala*) und negative (*Ida*) Energien zum Ausgleich.

Wenn diese beiden *Nadis* gereinigt und harmonisiert sind, beginnt die Energie im wichtigsten der Energiekanäle zu fließen: der *Shushumna*. Dann erwacht die *Kundalini*, die Schlangenkraft, die bisher im Wurzelzentrum am Ende der Wirbelsäule ruhte, und beginnt ihren »Aufstieg« in der *Shushumna*, von *Chakra* zu *Chakra* fortschreitend, bis sie schließlich das Scheitelzentrum (*Sahasrara*) erreicht. Dann ist das Ziel allen Yogas erreicht: *Samadhi, Kaivalya*, Erleuchtung und letzte Befreiung – wie immer das Ziel auch heißen mag.

> *»Der Yogi, der in der Lage ist,*
> *die Shakti (Kundalini) zu bewegen,*
> *wird Erfolg haben.*
> *Es ist unnütz, mehr zu sagen.*
>
> *Es genügt zu sagen,*
> *daß er den Tod spielend besiegt.«*
>
> Hatha Yoga Pradipika III/113

Prana – *Die Lebenskraft*

Prana (im weiteren Sinn) gilt als Träger des Geistes, als universelle kosmische Energie, dem »Odem« der Bibel vergleichbar. *Prana* befindet sich in allen materiellen Formen, ohne doch selbst materiell zu sein: *Prana* ist in der Luft, in der Nahrung, im Licht der Sonne und im Wasser. Auch die Gedankentätigkeit des Menschen beruht auf *Prana*.

Nach dem indischen Schöpfungsmythos verwandelte sich *Prajapati*, der »Herr der Geschöpfe«, in Luft, um seine leblosen Geschöpfe zu beleben. Es gelang ihm allerdings erst, in sie einzudringen, als er sich fünffach geteilt hatte, in

- Prana,
- Apana,
- Samana,
- Udana und
- Vyana.

Prana gilt als die aufwärtsstrebende Energie, deren Sitz eigentlich das Herzzentrum (*Anahata Chakra*) ist. Sie kontrolliert in erster Linie die Funktion des Atmens.

Apana Prana hat seinen Sitz in der Nähe des After (im *Muladhara Chakra*) und regiert den Ausscheidungs- und Fortpflanzungsapparat.

Samana Prana sitzt in der Gegend des Nabels (*Manipura Chakra*) und wacht über das Verdauungssystem.

Udana Prana sitzt in der Kehle (*Vishuddha Chakra*), wirkt auf den Kehlkopf und den Schluckvorgang und ist für den Schlaf des Menschen zuständig.

Vyana Prana durchdringt den ganzen Körper und kontrolliert Kreislauf und Muskelapparat.

Diese fünf Hauptenergieformen bewegen sich mit Hilfe entsprechender *Vayus* (Winde) durch den menschlichen Körper.

Für die praktische »Yoga-Arbeit« haben nur *Prana* und *Apana* eine Bedeutung, da sie Gegenstand des *Pranayama*, der »Beherrschung der Lebenskraft«, sind. Hierbei wird versucht, den aufsteigenden *Apana* mit dem sich abwärts bewegenden *Prana* zu vereinigen.

Chakras – *Die Energiezentren*

Immer wieder betonte Brahmananda die Bedeutsamkeit der *Chakras* für die menschliche Entwicklung, und auch bei uns im Westen ist das Schrifttum über sie längst Legion: *Chakra*-Meditation und *Chakra*-Edelsteine, das Vaterunser als *Chakra*- Meditation, *Chakra*-Klänge, *Chakra*-Düfte und *Chakra*-Öle ... Aber: »Es nützt dir nichts, alles mögliche Wissen über die *Ckakren* anzuhäufen, du mußt mit ihnen arbeiten!« sagte Brahmananda einmal zu mir. »Und wie könntest du dies besser, als mit den Siegeln des Lotus!«.

Chakras sind die Zentren der Lebensenergie. Zwar sind sie vor allem im Astralkörper angesiedelt, doch haben sie durchaus Entsprechungen im physischen Körper. Obwohl auch hier verschiedene Schulen auf eine unterschiedliche Anzahl dieser Hauptenergiezentren kommen, hat sich doch vor allem die Beschränkung auf sechs bzw. sieben Hauptchakren durchgesetzt. Diese finden ihre Entsprechung in den Nervengeflechten und den hier angesiedelten oder benachbarten innersekretorischen Drüsen. Das autonome Nervensystem (Lebens-Nervensystem) besteht aus Anhäufungen von Ganglienzellen, die untereinander und mit dem zentralen und dem peripheren Nervensystem in Verbindung stehen. Sie befinden sich vor allem im Gehirn und im Grenzstrang, der sich entlang der Wirbelsäule beiderseits herabzieht. Die wichtigsten Ganglienanhäufungen (Geflechte) sind das

- Kreuzgeflecht am unteren Ende der Wirbelsäule,
- Keimdrüsengeflecht in der Höhe der Genitalien,
- Sonnengeflecht auf der Höhe des Nabels,

- Herzgeflecht in der Herzgegend,
- Kehlkopfgeflecht in der Höhe des Kehlkopfes und
- Höhlengeflecht zwischen den Augenbrauen.

Sie bilden die körperlichen Entsprechungen zu den sechs unteren *Chakren*. Das siebte *Chakra – Sahasrara –* entspricht der Zirbeldrüse. (Nach Meinung einiger Schulen hat es keine Entsprechung mehr im physischen Körper und gehört nur der spirituellen Ebene an.)

Diese Ganglienhäufungen stehen in enger Beziehung zu den wichtigsten endokrinen Drüsen, die Wachstum, Entwicklung und Funktion der inneren Organe gewährleisten:

- Hoden/Eierstöcke,
- Bauchspeicheldrüse und Nebennieren,
- Thymusdrüse,
- Schilddrüse und Nebenschilddrüsen,
- Hirnanhangdrüse,
- Zirbeldrüse.

Die *Chakras* (s. Abb. 1) haben vielfältige Aufgaben: Sie verbinden die drei Körper (physischer Körper, Gefühlskörper und Gedankenkörper), speichern und verteilen die Energie in den unterschiedlichen Kanälen und sind daher für die Gesunderhaltung des materiellen Körpers notwendig; darüber hinaus bieten sie jedoch auch die Gelegenheit, über die drei Körper »hinauszuwachsen«, Kontakt aufzunehmen mit dem Wesenskern des Menschen und damit die Ursache von Alter, Krankheit und Tod zu transzendieren und eins zu werden mit dem göttlichen Selbst des Menschen, dem ewigen Zeugen, dem *Atman*.

Zur Aktivierung der *Chakren* gibt es eine Reihe von Möglichkeiten:

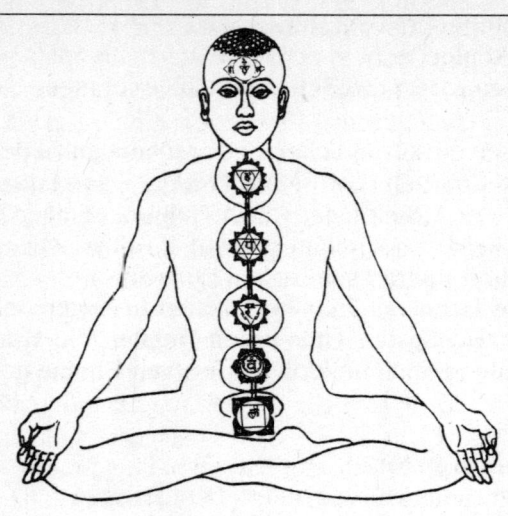

Chakra	Auswirkungen auf:	Keimsilbe
Scheitelzentrum *(Sahasrara Chakra)*	Gehirn willkürliches Nervensystem	OM
Stirnzentrum *(Ajna Chakra)*	unwillkürliches Nervensystem	AH
Kehlkopfzentrum *(Vishuddha Chakra)*	Atmungssystem	HAM
Herzzentrum *(Anahata Chakra)*	Gefäßsystem	YAM
Nabelzentrum *(Manipura Chakra)*	Ernährungssystem	RAM
Unterleibszentrum *(Swadhisthana Chakra)*	Ausscheidungs- und Fortpflanzungsorgane	VAM
Wurzelzentrum *(Muladhara Chakra)*	Ausscheidungs- und Fortpflanzungsorgane	LAM

Abb.1: Bei einigen Schulen enden die Keimsilben der Chakren mit dem Ajna Chakra, dem dann die heilige Silbe OM zukommt. Dem Sahasrara Chakra wird keine Keimsilbe mehr zugeordnet, da hier alles transzendiert ist.

- Meditation über das Aussehen (Farbe, Form etc.) des jeweiligen *Chakra*,
- die Konzentration auf die jeweilige Keimsilbe, den Klang (*Bija Mantra*), der jedem Chakra eigen ist usw.

Der Weg, der mir von meinen Lehrern gezeigt wurde, folgt einem eher körperlichen Ansatz: Durch bestimmte Übungen (*Mudras* und *Bandhas*) wird versucht, die mystische Energie (*Kundalini*) an der Wurzel der Wirbelsäule zum Leben zu erwecken, sie von *Chakra* zu *Chakra* aufsteigen zu lassen, diese aktivierend, bis schließlich das Scheitelzentrum erreicht wird und so eine spontane »Erleuchtung« – dem *Satori* der Zen-Mönche vergleichbar – eintritt.

Allerdings verweilt die Kundalini-Energie nur für kurze Zeit im Scheitelzentrum, sie hat die Tendenz, zurückzugleiten zu ihrem angestammten Sitz im *Muladhara Chakra*. Nur durch langes Üben wird ein ständiges Verweilen der *Kundalini* im Scheitelzentrum bewirkt; dies ist dann die endgültige Befreiung, die Loslösung aus dem ewigen Kreislauf des Stirb-und-Werde.

Granthis – *Die Knotenpunkte*

Brahmananda fragte, als wir uns über Prana unterhielten: »Warum nun fließt sie nicht ungehindert im Körper, diese schöpferische Energie? Es sind deine selbstsüchtigen Wünsche, die dich an dieses Rad der Wiedergeburten binden, die den Aufstieg der Lebensenergie behindern. Beseitigst du sie, vernichtest du gleichzeitig die Ursache von Geburt und Tod. Der Weg der Siegel des Lotus allerdings geht den umgekehrten Weg: Er beseitigt die Blockaden, die Gier, Haß und Verblendung in den Nadis aufgehäuft haben. Kann Prana erst einmal ungehindert fließen, wäscht sie alle Bindungen an diese bedingte, leidvolle Existenz fort.«

Damit die schöpferische Energie – die *Kundalini* – ungehindert fließen kann, muß sie auf ihrem Weg aufwärts zunächst drei »psychische« Knoten, die *Granthis*, durchstoßen. Diese symbolisieren die Verstrickungen des Menschen in die niederen Elemente seines Wesens und sind daher Hauptursache für das »Leiden«.

Die unterste Blockade (*Brahma Granthi*) liegt im Wurzelzentrum (*Muladhara Chakra*) und symbolisiert die Bindung an Besitztümer, an Körper, Materielles.

Vishnu Granthi, der nächste »Knoten«, hat seinen Sitz im Herzzentrum (*Anahata Chakra*) und bedeutet die Bindung an Personen, an Verwandte und Freunde.

Im Stirnzentrum (*Ajna Chakra*) schließlich befindet sich *Rudra* (*Shiva*) *Granthi*. Dieser Knoten symbolisiert die Bindung an psychische Kräfte, an Visionen usw.

Sind die drei Knoten durchstoßen, ist der Mensch frei von allen Bindungen, kann die alles erhaltende Energie ungehindert fließen – das Ziel ist erreicht.

Kundalini – *Die Schöpfungskraft*

Nach hinduistischer Auffassung besteht das gesamte Universum aus zwei »Urkräften«: *Prakriti und Purusha*, Materie und Energie. Diese beiden «Kräfte» stellen keine Gegensätze dar, viel mehr ähneln sie den zwei Seiten einer Münze: Am Anfang eines jeden Schöpfungszyklus sind sie in vollendeter Harmonie im Absoluten, im *Brahman* vereint. Während *Purusha*, die »Urenergie«, der menschlichen »Seele«, dem *Atman*, entspricht, manifestiert sich der Uranfang aller Materie, *Prakriti*, im Menschen als Kundalini Shakti.

Der Name *Kundalini* (Skrt. »Schlange«) leitet sich aus zwei Faktoren ab:

Der eine besagt, daß diese Energie in ihrer Ruhephase einer schlafenden Schlange gleicht, die sich am unteren Ende der Wirbelsäule, im Wurzelzentrum (*Muladhara Chakra*), zusammengerollt hat. Für den anderen Faktor gilt die *Kundalini* als eine Erscheinungsform *Durgas*, der Gattin *Shivas* – und dieser ist Schutzgott der *Yogin*. Einige *Yogin* vertreten die Ansicht, daß die *Kundalini* (über die Nabelschnur) die Verbindung zwischen Mutter und Embryo herstellt und so Lebensenergie in alle Teile des werdenden Lebens transportiert. Wenn das Neugeborene von der Mutter getrennt ist, begibt sich die *Kundalini* zur Ruhe. Sie zu erwecken ist das Ziel vieler Yoga-Übungen, insbesondere von:

● *ASANAS* (Körperhaltungen),
● *PRANAYAMAS* (Atemübungen),
● *BANDHAS* (Verschlüsse),
● *MUDRAS* (Siegel).

Auch Konzentration (*PRATYAHARA* und *DHARANA*) und Meditation (*DHYANA*) dienen diesem Ziel.

Der Aufstieg der *Kundalini* kann nach den alten Texten und Beschreibungen auf verschiedene Arten erfolgen und wahrgenommen werden:

- wie das Kriechen einer Ameise,
- wie Schwimmen eines Fisches im Ozean göttlicher Ekstase,
- wie das Hüpfen eines Affen, der mit einem Sprung das Stirnzentrum erreicht,
- wie ein Vogel, der von Zweig zu Zweig (von *Chakra* zu *Chakra*) hüpft oder
- wie eine Schlange, die sich entlang der Wirbelsäule zum Scheitel schlängelt.

Doch gleichgültig, wie auch immer sich dieser Aufstieg der göttlichen Schöpfungskraft, der *Kundalini*, vollziehen mag; erreicht sie das Scheitelzentrum (*Sahasrara Chakra*), ist das Ziel allen *Yogas* erreicht:

»Wenn die schlafende Göttin Kundalini
erst einmal erweckt wurde,
werden alle Fesseln abgestreift, alle Lotusse durch-
drungen.

Deshalb, weil die Göttin,
die an der Wurzel der Wirbelsäule schläft,
erweckt werden soll,
müssen die Mudras mit größter Sorgfalt ausgeführt
werden.«

Shiva Samhita IV/13, 14

Das Reinigen des »Teiches« –
Die sechs Kriyas

Brahmananda sagte einmal zu mir: »Das erste, das du tun solltest, wenn du dich mit den Siegeln des *Yoga* beschäftigst, ist, den Körper, die Wohnstatt des Geistes, den Tempel Gottes, zu reinigen. Zwar glaube ich, daß du die meisten dieser Übungen schon lange ausführst, doch laß sie uns zur Sicherheit einmal zusammentragen, schematisieren. Wie bei allem, was aus so alter Zeit auf uns kommt, ist auch hier Vorsicht geboten, mischen sich tiefste Einsicht und Scharlatanerie, Sorge um das Wohlergehen der Menschen und Beutelschneiderei zu einem oft gefährlichen oder doch zumindest völlig sinnlosen Gebräu. Wieviele wirkliche Sucher nach der Wahrheit sind hierbei schon in die Irre gegangen, um schließlich den ganzen Pfad zu verwünschen. Aber das uralte Wissen ist kein mystisches Brimborium, aus Aberglauben und der gläubigen Dummheit der Allzuvielen gerührt. Es ist wahres WISSEN, am eigenen Körper erprobt, erworben durch Mühsal und Arbeit – aber dem will sich heute ja kaum noch einer unterziehen. Wir gehen lieber in irgendeine *dawakhana*, eine Apotheke, und kaufen uns Pillen und Salben und Pülverchen. Dabei bieten gerade diese Siegel des Yoga wirksame Hilfen gegen eine Vielzahl von Krankheiten. Und so solltest du sie auch in erster Linie betrachten: als Arznei. Viele dieser Übungen brauchst – und solltest – du nur dann durchführen, wenn du Probleme in dem Bereich hast, in dem sie wirken. Einige allerdings sind es durchaus wert, in die tägliche Routine aufgenommen zu werden.«

Folgt man den alten Yoga-Texten, wie z.B. der *Gheranda Samhita*, so führen sieben Stufen zur Selbstverwirklichung:

- Reinigung des Körpers,
- Stärkung von Körper und Geist,
- Festigung von Körper und Geist,

- Beruhigung von Körper und Geist,
- Leichtigkeit des Körpers,
- Erkenntnis durch Meditation,
- Selbstgenügsamkeit.

Gheranda Samhita I/9

– Die **Reinigung** des gesamten Körpers wird durch sechs Reinigungsübungen, *Kriyas* oder *Shatkarmas*, erreicht,

– **Körperhaltungen** (*Asanas*) verleihen Stärke,

– **Siegel** (*Mudras*) geben Festigkeit,

– **Zurückziehen der Sinne** (*Pratyahara*) führt zu Ruhe und Ausgeglichenheit,

– **Atemübungen** (*Pranayama*) verleihen Leichtigkeit,

– **Meditation** (*Dharana* und *Dhyana*) führt zur Erkenntnis und dies führt zur

– **Vereinigung mit dem Absoluten**, zu *Samadhi*.

»Du kannst kein frisches Wasser in eine schmutzige Tasse füllen!« sagte Brahmananda. »Du mußt das Gefäß erst reinigen.« Wieder einmal saßen wir vor seinem kleinen Zelt, aus alten Reissäcken genäht, während *Ganga Ma*, Mutter Ganges, in heftigem Strom, aus dem *Himalaya* kommend, der »Wohnstätte des Schnees«, zwischen den letzten Felsrücken hervorschoß, sich in die Weite der indischen Ebene ergoß, sündentilgend, alles Leid der Welt

41

mit sich führend, fruchtbringend. »Sieh dir nur an, was die Menschen dem Fluß antun – dabei nennen sie ihn ›Mutter‹! Aller Unrat Indiens sammelt sich in diesem Fluß! Und doch hört er nicht auf, ihren Durst zu stillen, ihnen Nahrung zu geben und ewiges Heil. Dabei müßte Mutter Ganges ihr Haupt verhüllen, ob der Schande, die ihre eigenen Kinder ihr antun! Doch sie verzeiht stets, wie alle Mütter. Wie lange noch? – Wer weiß dies zu sagen! So lange sie nur ihre Toten in den Fluß warfen, ihren Abfall und ihre Fäkalien, konnte *Ganga Ma* diesem Unrat Herr werden – ich glaube, auch dies ist nichts Mystisches, es liegt sicher an irgendwelchen Mineralien, Jod zum Beispiel, das sie aus den Bergen des *Himalaya* löst – doch nun ist es der Unrat der Allzuvielen – und ihre Zahl wächst von Tag zu Tag, auch dank eurer Hilfe – und der Schmutz der Fabriken, den sie nicht kennt. Wie Mutter Ganges durchströmt DAS LEBEN SELBST deinen Körper, vieles verzeihend, gebeugten Hauptes ob deiner Frevel! Reinige deinen Körper, und du hilfst DEM LEBEN SELBST! Auch hier bietet der Weg des *Yoga* Unvergleichliches – zumindest kenne ich nichts Vergleichbares, um Körper und Geist zu reinigen.«

In der *Gheranda Samhita* steht über diese Übungen:

> »*Neti, Dhauti, Basti, Nauli, Kapala Bhati und Trataka
> sind die Kriyas oder Shatkarmas, die sechs Übungen,
> die als Sadhana bekannt sind.*«
> Gheranda Samhita I/12

Und die *Hatha Yoga Pradipika* fährt nach derselben Aufzählung fort:

> »*Diese sechs Arten, den Körper zu reinigen,
> sollten geheimgehalten werden.*

*Sie verleihen außergewöhnliche Eigenschaften
und werden von den größten
der Yogin gepriesen.«*
Hatha Yoga Pradipika II/23

Nun, die meisten dieser Übungen führte ich tatsächlich
schon seit Jahren regelmäßig aus, und doch tat es gut,
sie nochmals – von einem wirklichen Meister – gezeigt
und erklärt zu bekommen.

Neti – *Die Nasenreinigung*

Neti ist eine Technik, um den Nasen-Rachenraum und damit die Verbindung zum Atmungssystem zu reinigen. Auch Unreinheiten in den Nebenhöhlen – vor allem der Stirnhöhle – werden dadurch beseitigt.
Die *Hatha Yoga Pradipika* schreibt hierzu:

> *»Neti reinigt die Gehirnzellen und verleiht*
> *göttliche Sicht.*
> *Es beseitigt schnell alle Krankheiten*
> *der Hals- und Kopfregion.«*
> Hatha Yoga Pradipika II/30

Hierzu haben sich eine ganze Reihe unterschiedlicher Methoden entwickelt; die gebräuchlichsten sind:

- Jala Neti und
- Sutra Neti.

Jala Neti

Bei *Jala Neti* benützt man am besten eine Schnabeltasse (zur Not kann auch eine Teekanne verwendet werden) mit lauwarmem Wasser, in das man etwa einen Teelöffel voll Salz gibt.

1. Halten Sie die Tasse oder Teekanne an die Nase, und ziehen Sie das Wasser sanft (mit Hilfe der Stimmritze im Gaumen) in die Nasenlöcher, bis es durch Gaumen und Mund wieder herausfließt (s. Abb. 2).

Abb. 2: Jala Neti

2. Lassen Sie nun das Wasser in das linke Nasenloch fließen; neigen Sie den Kopf leicht nach rechts, und atmen Sie durch den Mund ein und aus. Hat man die richtige Neigung des Kopfes eingenommen, wird das Wasser mühelos durch das rechte Nasenloch herausfließen. Dann wiederholt man den Vorgang durch das rechte Nasenloch.
3. Füllen Sie daraufhin den Mund mit lauwarmem Wasser, und lassen Sie das Wasser durch die Nase herausfließen.
4. Um alles Wasser aus der Nase zu entfernen, steht man am Ende der Übung mit geschlossenen Beinen aufrecht, verschränkt die Hände auf dem Rücken und beugt den Oberkörper in rechtem Winkel nach vorn. Hierbei wird kurz und stoßartig – aber nicht zu fest – durch die Nase ein- und ausgeatmet, bis alles Wasser entfernt ist.

Sutra Neti

Sutra Neti sollte nur unter Anweisung eines erfahrenen Lehrers erlernt werden!

Man benützt hierzu ein Stück gewachstes Baumwollgarn, das durch ein Nasenloch eingeführt und zum Mund herausgezogen wird. Man hält das Garn an beiden Enden und bewegt es 30 bis 50mal vor und zurück. Dann führt man die gesamte Übung mit dem anderen Nasenloch durch (s. Abb. 3).

Neti ist ein ausgezeichnetes Mittel gegen Schnupfen, Nebenhöhlenentzündungen und chronischen Kopfschmerz. Auch die Funktion der Augen und Ohren wird verbessert. Der Intellekt wird angeregt, Haarausfall und Grauwerden der Haare verringern sich. Schlaflosigkeit nimmt ab oder wird geheilt. Auch Depressionen und Migräne können nach längerer Übung beseitigt werden.

Abb. 3: Sutra Neti

Dhauti – Reinigung des Körperinneren

Unter *Dhauti* versteht man eine ganze Reihe von Reinigungsübungen, die in erster Linie den physischen Körper im Innern reinigen sollen. Es gibt die unterschiedlichsten Reinigungsübungen für die verschiedenen Teile des Körpers: Auch das Putzen der Zähne zum Beispiel ist im Sinne des *Yoga Dhauti*. Einige dieser Übungen empfehlen sich für die tägliche Praxis, andere wiederum sind wirklich nur bei Krankheiten oder Störungen in dem entsprechenden Bereich angebracht. Viele *Yogis* praktizieren diese Reinigungsübungen zum Beginn einer längeren Übungsphase, zu der sie sich wochen-, ja, manchmal monatelang zurückziehen. Hier empfiehlt es sich natürlich, den Körper zunächst einmal vollständig zu reinigen, um so größtmöglichen Nutzen aus den Übungen zu ziehen.

Im allgemeinen unterscheidet man folgende Arten von *Dhauti*:

● **Danta Dhauti**
(Reinigung oberhalb des Nackens) mit der
– Reinigung der Zähne (*Danta Dhauti*),
– Reinigung der Zunge (*Jihwa Dhauti*),
– Reinigung der Ohren (*Karna Dhauti*),
– Reinigung von Kopf, Kopfhaut und Haar
  (*Kapalrandhra Dhauti*),
– Reinigung der Augen (*Chaksua Dhauti),*
– Reinigung der Zunge und der Kehle (*Hrid Dhauti*);
● **Varisara Dhauti** (Vollständige Darmreinigung),
– Die aufrechte Stellung *(Tadasana)*,
– Baum-im-Wind-Stellung *(Tiryaka Tadasana)*,
– Hüftdrehung *(Kati Chakrasana)*,

- Die sich windende Kobra *(Triyaka Bhujangasana)*,
- Unterleibsmassage *(Udarakarshan Asabna)*;
- **Kunjala Kriya** (Wasserreinigung);
- **Agnisara Dhauti** (Feuerreinigung);
- **Vastra Dhauti** (Tuchreinigung).

Danta Dhauti

Danta Dhauti entspricht in den meisten Punkten unserer westlichen Kopfhygiene: Man reinigt die Zähne, wäscht Ohren, Kopf, Kopfhaut und Augen mit Wasser. Etwas weniger im Westen gebräuchlich ist das

Hrid Dhauti – *Reinigen der Zunge und der Kehle*

Diese Reinigungsübung eignet sich besonders, um Mund und Kehle von Infektionen frei zu halten.

1. Gurgeln Sie zunächst fünf- bis sechsmal mit lauwarmem Salzwasser.
2. Reiben sie nun mit Zeigefinger und Mittelfinger die Zunge möglichst rasch und möglichst tief in der Kehle, bis Sie einen leichten Brechreiz verspüren. Wiederholen Sie dies vier- bis fünfmal.
3. Reinigen Sie die Zunge nun vollends, indem Sie sie von der Zungenwurzel bis zur Zungenspitze mit den Fingern, einem Zungenschaber oder einem kleinen Löffel mit abgerundeten Kanten »abschaben«. Schon das erste Mal, wenn Sie Ihre Zunge so gereinigt haben, werden Sie das Ergebnis sehen: einen grauen oder braunen Belag auf Löffel oder Schaber: Dreck, der uns sonst ständig auf der »Zunge liegt«.

Tara, der weibliche transzendente Bodhisattva

Oben links:
Heiliger in Pashupatinath

Oben rechts:
Sadhu mit Schlange in
Kathmandu

Rechts:
Sadhu in Kunjapuri

Rechts:
Baba Ram Dass

Unten:
Bharati Baba mit seinem
tibetischen Schüler

Links und unten:
Bharati Baba

Rechts:
Tadasana - Die
aufrechte Stellung

Unten:
Tiryaka Tadasana - Die
Baum-im-Wind-Stellung

Oben links: Kati Chakrasana - Die Hüftdrehung
Oben rechts: Bhujangasana - Die Kobra
Unten: Tiryaka Bhujangasana - Die sich windende Kobra

Rechts:
Bhadrasana - Die sanfte Stellung

Unten:
Paschimothanasana - Die Zange

Siddhasana - Die vollkommene Stellung

Padmasana - Der Lotussitz

Hrid Dhauti ist ein ausgezeichnetes Mittel zur Vorbeugung und gegen Entzündungen im Mund-Rachen-Bereich und sollte deshalb ständiger Bestandteil unserer täglichen Mundhygiene werden.

Varisara Dhauti/Shankha-Prakshalana – *Vollständige Darmreinigung*

Shanka bedeutet »Schnecke, Muschel« und *Prakshalana* »vollständig waschen.« Wie durch die Windungen eines riesigen Seeschneckenhauses schlängelt sich der Darm durch den menschlichen Körper, und daher bezieht die Übung ihren Namen. Die »vollständige Reinigung der Muschel (Schnecke)« bedeutet also eine Reinigung des gesamten Verdauungskanals vom Mund bis zum After.

Führen Sie diese Übung nur mit leerem Magen aus!

Auch am Abend zuvor sollten Sie nur leichte Nahrung (etwas Obst oder Gemüse, ein Glas Milch) zu sich nehmen.

Man benötigt für diese Übung bis zu zwei Liter lauwarmes, gesalzenes Wasser (zwei Teelöffel Salz auf 1 Liter Wasser).

Trinken Sie zunächst möglichst rasch zwei Glas des gesalzenen Wassers; dann führen Sie die folgenden fünf Übungen, wie sie auf den nächsten Seiten beschrieben werden, zügig hintereinander durch:
– Tadasana,
– Tiryaka Tadasana,

- Kati Chakrasana,
- Tiryaka Bhujangasana
  und
- Udarakarshan Asana.

Tadasana – *Die aufrechte Stellung*

So einfach diese Übung auch ist: Ich finde sie – gerade
auch wegen ihrer Einfachheit – eines der besten Beispiele
für die Wirkungen der Yoga-Übungen. Selbst wenn man
nur diese Übung mehrmals am Tag für ein paar Minuten
ausführt, tut man dem Körper etwas unvergleichlich
Gutes. Wer diese Übung einmal *wirklich* durchführt –
und hierzu ist wahrlich jeder in der Lage – wird bemer-

Abb. 4: Tadasana

ken, daß der ganze Körper mit all seinen Organen innerlich und äußerlich gedehnt und gestreckt wird (s. Abb. 4).

Stehen Sie aufrecht mit leicht gespreizten Beinen. Die Finger der rechten Hand sind mit denen der linken Hand verschränkt und mit der Handfläche nach oben möglichst weit mit gestreckten Armen über den Kopf gehalten. Schauen Sie auf den Handrücken. Erheben Sie sich auf die Zehenspitzen, und strecken Sie den ganzen Körper so weit wie möglich, als würden Sie nach oben gezogen. Kontrahieren Sie ihre Gesäßmuskulatur, und strecken Sie sich noch weiter nach oben. Verweilen Sie in dieser Position einige Augenblicke. (Wendet man diese Übung als Einzelübung außerhalb der *Vollständigen Darmreinigung* an, so sollte die Endstellung jeweils zwei bis drei Minuten eingehalten werden.) Kehren Sie dann mit den Fersen zum Boden zurück. Entspannen Sie sich kurz, und führen Sie die Übung nochmals durch, indem Sie nun die Finger der linken Hand in die der rechten falten. Wiederholen Sie diese Übung fünfmal.

Tiryaka Tadasana – *Baum-im-Wind-Stellung*

Die Ausgangsstellung zu dieser Übung ist die *Tadasana* (gestreckter Körper, auf den Zehenspitzen, Arme mit ineinander gefalteten Händen über dem Kopf). Neigen Sie sich nun in den Hüften, zuerst nach rechts, dann nach links, fünfmal nach jeder Seite (s. Abb. 5). Dann stehen Sie mit der ganzen Fußsohle entspannt auf dem Boden.

Kati Chakrasana – *Hüftdrehung*

Stehen Sie hierzu aufrecht mit leicht gespreizten Beinen, die Arme in Schulterhöhe waagrecht zur Seite gestreckt.

Abb. 5: Tiryaka Tadasana

Drehen Sie nun den Oberkörper, und berühren Sie mit der Handfläche der linken Hand das rechte Schulterblatt, mit dem rechten Handrücken die linke Hüfte (s. Abb. 6). Führen Sie danach dieselbe Drehung zur anderen Seite hin aus, und wiederholen Sie diese Übung fünfmal.

Triyaka Bhujangasana –
Die sich windende Kobra

Man nimmt hierzu zunächst die Stellung der **Kobra** ein.

Man liegt ausgestreckt auf dem Bauch, die Handflächen flach auf dem Boden unter den Schultern. Dann hebt man langsam den Kopf, dann den Oberkörper, bis er bis hinab zur Hüfte in möglichst weitem Bogen nach hinten gedehnt ist, der Kopf möglichst weit im Nacken liegt. Die Arme dienen nur dazu, daß der Oberkörper nicht zurückfällt; sein Anheben erfolgt nur mit der Hals-, Brust- und Rückenmuskulatur.

Abb. 6: Kati Chakrasana

Abb. 7: Triyaka Bhujangasana

Drehen Sie nun den Oberkörper und den Kopf nach der rechten Seite hin, und blicken Sie auf die Ferse des linken Fußes. Verharren Sie einige Augenblicke in dieser Position. Danach wiederholen Sie diese Übung zur anderen Seite hin. Auch diese Übung sollte fünfmal nach jeder Seite wiederholt werden (s. Abb. 7).

Udarakarshan Asana – *Unterleibsmassage*

Diese Übung wird ebenfalls fünfmal nach jeder Seite durchgeführt:

Die Ausgangsstellung ist hier der sogenannte **Krähensitz**, die *Kagasana*, bei der man tief in der Hocke sitzt, die Hände auf den Knien.

Drehen Sie nun den Oberkörper nach rechts, wobei Sie gleichzeitig den Kopf so weit wie möglich über die nach hinten gewendete Schulter drehen. Gleichzeitig wird das linke Knie an der rechten Wade entlang zum Boden geführt. Verharren Sie einige Augenblicke in dieser

Abb. 8: Udarakarshan Asana

54

Position. Dann kehren Sie zur Ausgangsstellung zurück und führen die Übung zur anderen Seite hin aus. Die Hände bleiben während der gesamten Übung auf den Knien (s. Abb. 8).

Nachdem man diese fünf *Asanas* jeweils fünfmal durchgeführt hat, trinkt man nochmals zwei Glas des Salzwassers und führt die fünf Übungen nochmals fünfmal aus.

Gehen Sie nun zur Toilette. Nach ein bis zwei Minuten sollte sich Stuhlgang einstellen; wenn nicht – erzwingen Sie nichts! Führen Sie die gesamte Übung (Wasser trinken, Ausführen der fünf *Asanas*) nochmals durch, und gehen Sie erneut zur Toilette. Wiederholen Sie diese »Prozedur« – falls notwendig – bis es »klappt«!

Es ist sehr unterschiedlich, wie oft man *Varisara Dhauti* durchführen muß, bis sich der gewünschte Erfolg einstellt. Bei einigen stellt sich der Stuhlgang schon nach zwei Glas Wasser ein, einige benötigen acht Gläser. Auf jeden Fall sollten Sie zur Toilette, sobald Sie den Drang dazu verspüren. Die Ausscheidungen werden zunächst fest sein und immer flüssiger werden. Die Übungen und das Trinken des Wassers müssen solange wiederholt werden, bis nur noch klares Wasser ausgeschieden wird, unter Umständen (z.B. bei hartnäckiger Verstopfung) kann dies bis zu 25 Gläsern Wasser benötigen! Anschließend kann man noch eine Magenspülung – *Kunjala Kriya* – durchführen, um den Bereich vom Mund bis zum Magen vollständig zu reinigen und das restliche Salzwasser zu entfernen.

Diese Übung reinigt den gesamten Verdauungsapparat. Deshalb können hierdurch Entzündungen der Unterleibsorgane und des

**Verdauungstraktes wirksam behandelt werden.
Neben anderen postiven Auswirkungen
auf die Organe des Unterleibs gilt diese Übung als
besonders wirkungsvoll zur Vermeidung von
Nierensteinen.**

Kunjala Kriya – *Wasserreinigung*

Diese Übung führt man am besten im **Krähensitz** (*Kagasana*) aus. Trinken Sie dann (schlürfend) sechs Gläser lauwarmes Wasser oder mehr, bis Sie das Gefühl haben, nichts mehr aufnehmen zu können. Stellen Sie sich nun mit geschlossenen Beinen aufrecht hin, beugen Sie sich nach vorn, und führen Sie Zeigefinger und Mittelfinger der rechten Hand so tief wie möglich in die Kehle ein, bis Sie das gesamte Wasser wieder erbrochen haben.

Nach Abschluß dieser gesamten Übung (*Varisara Dhauti* und *Kunjala Kriya*) sollte man sich mindest 45 Minuten entspannt hinsetzen oder hinlegen, damit das gesamte Verdauungssystem wieder zur Ruhe kommen kann.

Sie sehen schon an der für diese Übung benötigten Zeit, daß dieser Reinigungsprozeß – zumindest von dem »normalen« Menschen des Westens – nicht täglich ausgeführt werden kann. Sie empfiehlt sich allerdings zur Reinigung des Körpers vor längeren Übungsphasen (Ferien etc.), bei Erkrankungen des Verdauungsapparates und als kaum zu überbietende Reinigung des gesamten Verdauungstraktes einmal im Monat.

Die *Gheranda Samhita* schreibt über diese Übung:

*»Diese Übung sollte streng geheim gehalten werden.
Sie reinigt den gesamten Körper. Und wer
sie sorgfältig ausführt,
erreicht einen strahlenden Körper.*

*Varisara Dhauti ist die höchste der
Reinigungsübungen.
Wer diese Übung mit Leichtigkeit ausführt,
verwandelt seinen schmutzigen Körper
in ein leuchtendes Gefäß.«*
Gheranda Samhita, I/18,19

**Diese Übung dient vor allem dazu,
Gifte aus dem Körper auszuscheiden. Sie
reguliert die Herzfunktion, hilft bei Verdauungsstörungen und Gallenbeschwerden ebenso
wie bei Mandelentzündungen. Sie tonisiert
und stimuliert alle Unterleibsorgane und kann
Hautunreinheiten heilen.**

Agnisara Dhauti –
Die Feuerreinigung

*»Presse den Nabelknoten oder die Gedärme
hundertmal dem Rückgrat zu.
Dies nennt man Agnisara oder Feuerreinigung.
Sie verleiht Erfolg in der Yoga-Praxis,
heilt alle Krankheiten des Magens und
schürt das innere Feuer.«*
Gheranda Samhita I/20

Die beste Ausgangsstellung für diese Übung ist der sogenannte **Diamantsitz** (*Vajrasana*). Knien Sie sich hierzu
mit geschlossenen Beinen auf den Boden, die Hände liegen mit der Handfläche auf den Knien. Setzen Sie sich
nun auf die Fersen, wobei sich die großen Zehen berühren, die Fersen sind nach außen gewandt.

57

Abb. 9: Bhadrasana

Öffnen Sie nun die Knie so weit wie möglich – diese Übung ist auch unter dem Namen *Bhadrasana*, die **Sanfte Stellung** (s. Abb. 9), bekannt.

Öffnen Sie daraufhin den Mund, lassen Sie die Zunge möglichst weit heraushängen, und atmen Sie nun schnell rhythmisch ein und aus, wobei im gleichen Rhythmus der Bauch kontrahiert und dann ausgedehnt wird. Ein- und Ausatmen sollten in vollendeter Harmonie mit den Bewegungen des Bauches sein und an das Hecheln eines Hundes erinnern.

Atmen Sie auf diese Art und Weise 25mal aus und ein. Atmen Sie dann möglichst vollständig aus – Fortgeschrittene wenden zusätzlich *Jalandhara Bandha*[22] an, den **Verschluß der Kehle** – und kontrahieren und expandieren Sie nun in ausgeatmetem Zustand die Bauchmuskulatur in pumpenförmigen Bewegungen ca. 15 bis 20mal. Diese Übung kann auch im Stehen (z.B. vor *Nauli*) durchgeführt werden.

Eine solche »Runde« sollte 5 bis 10mal wiederholt werden.

Agnisara hilft bei Problemen in Magen und Unterleib, wirkt anregend auf Leber und Nieren, Bauchspeicheldrüse und Milz. Darüber hinaus reduziert sie Fettleibigkeit und kann Verstopfung heilen.

Vastra Dhauti – Die Tuchreinigung

Diese Übung sollte nur unter Anleitung eines Lehrers und sehr vorsichtig erlernt werden!

Vastra Dhauti soll hier nur kurz beschrieben werden, da sie doch eher unüblich ist und für den Menschen des Westens nicht sehr ästhetisch wirkt. Außerdem erfüllen die **Wasser-** und die **Feuerreinigung** denselben Zweck auf angenehmere Weise.

»Du kannst einen Topf mit einem Tuch oder mit Wasser reinigen, mir ist Wasser lieber«, sagte Brahmananda, als ich ihn auf diese Übung ansprach. »Sicher hat auch diese Reinigungsübung einige Vorzüge, aber die anderen Übungen – insbesondere Varisara Dhauti – genügen vollständig, um Darm und innere Organe zu säubern.«

Vastra Dhauti dient insbesondere dazu, den Magen zu reinigen. Treten hier Störungen auf, ist diese Reinigungsübung ein- bis zweimal in der Woche angebracht.

Man benötigt zu dieser Übung einen dünnen Leinenstreifen, der etwa viereinhalb Meter lang und 7,5 cm breit ist. Der gewaschene, ausgekochte Streifen wird nun in etwas Salzwasser angefeuchtet, dann hält man ihn an einem Ende fest und schluckt ihn langsam. Dies wird sicher nicht beim erstenmal vollständig gelingen. Sobald sich ein Brechreiz bemerkbar macht, hört man auf zu schlucken, läßt den Streifen ein paar Sekunden in dieser Position und zieht ihn dann sehr langsam, um die Kehle nicht zu verletzen, wieder heraus. Mit etwas Übung ist man dann nach einiger Zeit in der Lage, den Leinenstreifen vollständig zu schlucken (Vergessen Sie nicht, das eine Ende festzuhalten!).

Man läßt ihn dann für ungefähr zwei Minuten in dieser Lage, bevor man ihn langsam wieder herauszieht. Man kann den Effekt dieser Übung noch dadurch steigern, daß man, während das Tuch geschluckt ist, *Nauli*[23] durchführt. Nach Abschluß der Übung trinkt man am besten ein Glas Milch.

Auch diese Übung muß morgens mit leerem Magen durchgeführt werden.

> *»Diese Übung heilt Erkrankungen der Milz*
> *und der Galle, Magenerkrankungen, Fieber,*
> *Lepra und andere Hautkrankheiten*
> *und Störungen bei Galle und Schleim.*[24]
> *Und Tag für Tag fühlt der Übende*
> *Gesundheit, Stärke und Fröhlichkeit.«*
> Gheranda Samhita, I/41

Vastra Dhauti *nützt bei Asthma und Bronchitis, chronischem Husten und anderen Erkrankungen des Atmungsapparates. Auch Koliken und Verstopfung können durch diese Übung verhindert oder beseitigt werden. Darüber hinaus hilft es bei allerlei Erkrankungen von Milz, Galle und Magen.*

Basti – *Enddarmreinigung*

Während eines Trekkings zu den Quellen des Ganges erzählte mir Lal Bahadur folgendes: »Als die ostwärtsziehenden Horden der Arier zum ersten Mal die Ufer der *Ganga* erreichten, zog der Fluß sie unwiderruflich in seinen Bann. Und ihr transformierter Geist, von Millionen von Bildern genährt, schuf eine gewaltige Schatzkammer der Mythologie. Und jeder, der die trockene, lebensfeindliche Ebene kennt oder die wasserarme Ödnis der Bergwelt, versteht, warum die Flüsse hier so hoch verehrt werden. Der Ganges aber gilt als der heiligste unter ihnen, und ein Bad in seinen Wassern befreit – glaubt man den alten Geschichten – von allen Sünden.«

Vieles – und eben auch manche Mudra – atmet noch diesen Geist des alten Indien, als die Flüsse noch rein, mineralienreich, heilkräftig und lebensspendend aus den eisigen Höhen des Himalaya strömten. Doch heute ist die archaische Ausführung der Übungen in einem heiligen Fluß wie der *Ganga* oder *Yamuna* kaum noch zu empfehlen, sind doch auch die Ströme Indiens – selbst die heiligsten unter ihnen – stark belastet.

>*»Bis zum Nabel in der Utkatasana im Wasser kauernd und gleichzeitig die Muskeln des Anus kontrahierend, wird Jala Basti genannt.*
>*Sie heilt Erkrankungen der Milz, Wassersucht und alle Krankheiten der Verdauungs- und Ausscheidungsorgane. Der Körper wird frei von allen Krankheiten und schön wie der Körper Kamas, des Gottes der Liebe.«*
>Gheranda Samhita I/46,47

Jala Basti

Diese Übung wird im traditionellen Yoga stets in einem Fluß durchgeführt, doch auch eine Wanne mit klarem Wasser genügt. Das Wasser sollte bis zum Nabel reichen.

Am Anfang kann es die Ausführung dieser Übung erleichtern, wenn man ein 10 bis 15 cm langes, fingerdickes Gummirohr in den Anus einführt, um den Schließmuskel offenzuhalten. Mit fortschreitender Praxis kann auf dieses Hilfsmittel verzichtet werden.

Man steht bei dieser Übung nach vorne gebeugt im Wasser, die Hände auf den Knien. Führen Sie nun gleichzeitig *Uddiyana Bandha* und *Nauli*[25] durch, um Wasser in den Enddarm zu saugen. Halten Sie sodann das Wasser eine Weile im Darm, dann stoßen Sie es durch den Anus aus. Um eventuelle Reste an Stuhl und Wasser auszuscheiden, führt man anschließend die **Pfauenstellung** (*Mayurasana*) durch.

Eine andere Ausgangsstellung ist die *Utkatasana*, bei der man auf den Zehenspitzen hockt, die Ellbogen auf den Knien, die Hände gefaltet. Hat man in dieser sitzenden Stellung genügend Wasser in den Darm gesogen, steht man auf, führt Nauli durch und stößt das Wasser wieder aus. Diese Form der Übung empfiehlt sich – schon aus ästhetischen Gründen – vor allem dann, wenn man nicht in fließendem Wasser übt.

Sthala Basti

Eine weitere Form der Enddarmreinigung ist das sogenannte **trockene Basti.** Man sitzt hierzu in der **Zangenstellung** (*Pashimothanasana*) und führt ca. 25mal *Ashwini Mudra*[26] durch. Hierdurch wird Luft in den Darm gesaugt. Man hält die Luft eine Weile im Darm, dann stößt man sie durch den Anus wieder aus.

Basti reinigt den Dickdarm und beseitigt alten Stuhl. Es kann Erkrankungen der Leber, der Milz und der Augen heilen. Auch bei Verdauungsstörungen und Hämorrhoiden gilt es als bewährtes Mittel.

Nauli – Unterleibsmassage

Nauli ist meines Erachtens nach eine Übung, wie sie in kaum einem anderen »Körperertüchtigungs-System« – des Westens wie des Ostens – gefunden werden kann. Hier wird ein autonomer Muskelstrang – nach Aussagen einiger westlicher Mediziner der Darm – willentlich bewegt und massiert, und durch diese Bewegung werden die inneren Organe ebenfalls massiert.

**Diese Übung sollte unbedingt
auf nüchternen Magen – am besten am frühen
Morgen – ausgeführt werden!**

Das klassische *Nauli* wird in einer der Meditationsstellungen – *Lotussitz* oder *Siddhasana* – ausgeführt. Doch fällt es meist leichter, diese Übung im Stehen durchzuführen – die Wirkung bleibt dieselbe.

Stehen Sie hierzu mit leicht gegrätschten Beinen – die Knie sind durchgedrückt – leicht nach vorne gebeugt. Die Hände werden in die Leiste gestemmt. Atmen Sie nun möglichst vollständig aus, und versuchen Sie, die Seiten einzuziehen, bis nur noch ein Strang in der Mitte des Bauches *(Madhyama Nauli)* zu sehen ist. Versuchen Sie dann, diesen Muskelstrang in harmonischen Wellenbewegungen so oft wie möglich von links *(Vama Nauli)* über die Mitte nach rechts *(Dakshina Nauli)* kreisen zu lassen. Entspannen Sie, wenn Sie Luft benötigen, die Bauchmuskeln, und atmen Sie ein. Wenn die Atmung wieder zur

Abb. 10: Nauli stehend

Ruhe gekommen ist, wiederholt man die Übung (ausgeatmet) nach der anderen Seite hin. Diese Übung sollte mindestens dreimal nach jeder Seite wiederholt werden.

Sollte Ihnen diese Übung nicht auf Anhieb gelingen – verzagen Sie nicht. Wer diese Übung nach ca. 3 Monaten meistert, macht gute Fortschritte! Beherrscht man die Praxis jedoch, wird man sicher feststellen, daß sie eine der wirkungsvollsten Übungen zur Stärkung und Belebung der Bauchorgane und des Verdauungssytems darstellt.

Nauli ist wohl die wirksamste Methode zur Beseitigung der meisten Erkrankungen des Unterleibs. Durch das Kreisen des Muskelstrangs wird die Beweglichkeit sämtlicher Organe des Unterleibs erhöht. Es stimuliert diese Organe und erhält sie gesund.

Kapala Bhati – *Die Reinigung des Atmungsapparates*

Als ich vor ein paar Jahren, auf der Suche nach den »Heiligen Männern Indiens« zum drittenmal in diesen Teil der Welt reiste, sagte mir ein nepalesischer Bekannter, der meine Vorliebe für diese Seite Indiens kannte:

»Du mußt höher hinauf, hier findest du kaum noch wirkliche *Yogis* oder Heilige. Zu viele Touristen, zuviel Hektik und Lärm! Aber wenn du einen wirklich hohen *Yogi* kennenlernen willst, mußt du nach *Uttar Kashi* gehen. Dort findest du noch einen der wenigen echten *Yogin*. Wenn du willst, bringe ich dich hin, ich kenne den Meister gut!«

Uttar Kashi, das *Kashi* (Benares/Varanassi) des Nordens! Warum nicht? Diese kleine Stadt, an den Ufern des *Bhagirathi*, auf dem Weg nach *Gangotri*, zu den Quellen von Mutter *Ganga*, ist der Welt außerhalb der Pilgerströme kaum bekannt. Und doch sollen hier alle Tempel stehen, die es in *Varanassi/Benares* gibt! (Viele sind nun leider zerstört, seit ein gewaltiges Erdbeben 1991 dieses Gebiet heimsuchte.)

Warum also nicht? Wie weit es denn nach *Uttar Kashi* sei, wollte ich von *Pratap* wissen.

»Nicht weit«, meinte er. »Eine Tagesreise vielleicht, vielleicht etwas mehr. Es hängt vom Zustand der Straßen ab. Es gibt oft Bergrutsche im Himalaya, vor allem zu dieser Jahreszeit.«

Es wurde eine denkwürdige Fahrt, voller Hindernisse, unpassierbarer Straßen, Steinschläge. Aber das wäre eine andere Geschichte ...

In sinkender Nacht hatten wir es schließlich geschafft, grüßten die Lichter von *Uttar Kashi* hinter der letzten

Paßkehre. Und am anderen Morgen machten wir uns auf die Suche nach einem der letzten wirklichen *Yogis*, wenn man *Pratap* Glauben schenkte, *Advaitananda*.

Wir wanderten durch Rhododendrenwälder und Wacholder und Bambus. Kiefern und Zedern dann. Geier zerren an einem verendeten Wasserbüffel, Reisfelder in sattem Grün leuchten in den Tälern, vom Dschungel umrahmt. Elefantenspuren und die Schreie der Pfauen. Einsame Hütten. Höher und immer höher. Etwas unterhalb des Gipfels dann: ein kleiner Tempel, aus Bruchsteinen erbaut in malerischer Idylle, tibetisch beinahe, mit der Landschaft verwoben, karg.

Wir traten durch ein kleines Tor, standen in einem Garten, und einer der Schüler des *Swami* trat zu uns, um uns nach unserem Begehren zu fragen. Nachdem *Pratap* ihm dies erklärt hatte, immer wieder auf mich zeigend, führte er uns zu seinem Meister. Ein anderer Schüler stand neben dem Mönch und fächelte ihm frische Luft zu, während ein dritter aus den *Veden* rezitierte. Ich verbeugte mich vor dem heiligen Mann, legte ein paar *Mangos*, die ich für ihn mitgebracht hatte, zu seinen Füßen, und er lud mich ein, mich zu setzen. Ich könne ihn alles fragen, meinte er. Und so stellte ich meine Frage: Wie kann das Ziel allen *Yogas* – *Samadhi, Moksha, Nirvana*[27] – erreicht werden?

»Schau auf den Baum«, sagte er. »Warum bewegt er sich? – Weil ihn der Wind berührt. Hört der Wind auf, steht der Baum völlig still, in absoluter Ruhe. Woher kommt die Unruhe unserer Gedanken, das unaufhörliche Jagen und Rennen, hastig und voller Gier? – Es ist der Wind unserer Wünsche, der uns treibt. Keine Wünsche – keine Gedankenbewegung. Nur Stille und Frieden. Doch wie gelingt es dir, den Wind der Wünsche anzuhalten? Durch Meditation? Was ist das? Wem kannst du da trauen? Deinen Augen? – Sie wandern hierhin und dorthin, rastlos und ohne Ruhe. Den Ohren? Der Zunge? – Es ist immer dasselbe! Den Füßen? – Sie werden müde, wollen ihre Ruhe. Wem also kannst du trauen? Auf wen kannst du dich bedingungslos verlassen? Wer läßt dich nie im Stich? Gibt es einen solchen Freund, der niemals müde wird, dich niemals verläßt, nicht einmal, wenn du schläfst?« fragte er und blickte mich lange an. Dann beantwortete er seine Fragen selbst:

»Es ist dein Atem! Er kommt und geht, kommt und geht ohne Unterlaß. Verläßlich. Er ist dein vertrauenswürdigster Freund, und wenn er geht, gehst auch du. Konzentriere dich also auf deinen Atem, und du wirst Frieden finden.« Wieder schwieg er lange, ließ das Gesagte auf mich wirken, bevor er fortfuhr:

»Und er ist mit all deinem Wünschen verbunden. Dein individuelles Selbst, deine Psyche ist an den Atem gebunden. Bist du ruhig, ist auch der Atem ruhig und tief; bist du aufgeregt, jagt auch der Atem. Doch wir können diesen Wirkungszusammenhang auch umkehren: Beruhigst du den Atem, so kommen auch deine Gedanken zur Ruhe. Doch der erste Schritt in diese Richtung ist, die Organe der Atmung zu reinigen, damit die Lebenskraft, *Prana*, ungehindert fließen kann. Dies erreichen wir mit *Kapala Bathi*.«

> *»Einige Lehrer (Acharyas)*
> *lehren keine andere Übung, da sie der Meinung*
> *sind, daß alle Unreinheiten durch die Ausübung*
> *dieser Atemübung (Pranayama)*
> *beseitigt werden.«*
> Hatha Yoga Pradipika II/37

Kapala Bathi bedeutet wörtlich »scheinender Schädel«, das heißt, daß diese Reinigungsübung – die auch den Atemübungen (*Pranayamas*) zugeordnet wird – den Kopf

»zum Leuchten bringt«. Gemeint ist hiermit ein Gefühl absoluter Klarheit und Reinheit im Nasen-Stirnbereich, das sich bei dieser Übung einstellt. Die Ausführungen über diese Übung sind recht unterschiedlich und von Schule zu Schule verschieden. Die Hauptform – wie sie mir meine Lehrer zeigten – besteht in einer Reihe von 60 bis 100 schnellen Atemzügen.

Setzen Sie sich hierzu in eine der Meditationshaltungen (*Siddhasana, Lotus, Vajrasana*), und atmen Sie sechzig bis hundertmal schnell aus und ein, wobei die Betonung auf der Ausatmung liegt. Atmen Sie dann tief aus, und führen Sie gleichzeitig *Jalandhara Bandha, Mula Bandha* und *Uddiyana Bandha*[28] aus. In diesem ausgeatmeten Stadium konzentriert man sich auf das **Stirnzentrum** zwischen den Augenbrauen. Nun löst man die drei Verschlüsse (*Mula Bandha*, dann *Uddiyana Bandha*, schließlich *Jalandhara Bandha*), atmet langsam ein und entspannt sich. Diese Übung sollte fünfmal wiederholt werden.

Diese Form des *Kapala Bhati* wird auch in der *Hatha Yoga Pradipika* beschrieben. Hier heißt es zu dieser Übung:

»Wenn Ein- und Austmung schnell ausgeführt werden
wie bei einem Blasebalg des Schmiedes,
beseitigt dies alle Störungen,
die aus einem Übermaß an Schleim[29] herrühren.
Dies nennt man Kapala Bhati.«

Die **Gheranda Samhita** dagegen beschreibt drei Arten von *Kapala Bhati*:

– Vama Krama,
– Vyut Krama und
– Sit Krama.

Vama Krama besteht aus einer einfachen Wechselatmung, wie sie als Atemübung in jedem Yogasystem vertreten ist.

Man schließt mit dem Daumen der rechten Hand das rechte Nasenloch, atmet durch das linke Nasenloch aus, dann wieder ein; daraufhin verschließt man mit kleinem Finger und Ringfinger das linke Nasenloch und atmet durch das rechte Nasenloch aus. Dann atmet man durch das rechte Nasenloch ein und durch das linke aus. Die Atmung ist hierbei ruhig und völlig anstrengungslos.

Bei *Vyut Krama* wird – ähnlich wie bei Neti – Wasser durch die Nase eingezogen und durch den Mund ausgeschieden.

Sit Krama geht den umgekehrten Weg: Man saugt das Wasser durch den Mund ein und scheidet es durch die Nase wieder aus.

Auch hier steht die Beseitigung von Störungen, die durch ein Zuviel an »Schleim« hervorgerufen werden, im Vordergrund. Die *Gheranda Samhita* schreibt hierzu:

> *»Das Alter kommt niemals zu demjenigen,*
> *der diese Übung ausführt,*
> *und der Verfall entstellt ihn nie.*
> *Sein Körper wird gesund und elastisch,*
> *und Störungen von Schleim werden beseitigt.«*
> Gheranda Samhita I/60

Kapala Bathi *verstärkt die Sauerstoffzufuhr und die Durchblutung. Es revitalisiert somit Körper und Geist und gilt als ausgezeichnetes Mittel gegen Zerebralthrombosen.*

Tratak – *Die Reinigung der Augen*

Tratak oder *Trataka* ist die letzte der Reinigungsübungen, der *Kriyas* oder *Shatkarmas*. Sie ist ebenso Bestandteil des *Hatha Yoga* wie des *Raja Yoga*. Trotz ihrer Einfachheit wird ihr eine ganze Reihe höchst positiver Auswirkungen zugeschrieben.

Die *Gheranda Samhita* schreibt hierzu:

> *»Starre ohne zu blinzeln*
> *auf irgendein kleines Objekt, bis die Tränen*
> *zu fließen beginnen.*
> *Dies nennen die Weisen Trataka.*
>
> *Wer diese Übung praktiziert,*
> *erlangt die Shambhavi Siddhis[30]; und ganz*
> *sicher werden alle Augenkrankheiten geheilt*
> *und Hellsichtigkeit wird erlangt.«*
> Gheranda Samhita I/53, 54

Diese Übung bildet häufig den Übergang zwischen »körperlichen« Übungen und der »geistigen« Übung, der Meditation.

Trataka kann auf vielfältige Weise praktiziert werden:

Man kann auf den Vollmond, einen Schatten, eine Kristallkugel, Wasser, die Nasenspitze oder das »dritte Auge« starren, auch das Blicken auf ein religiöses Diagramm (*Yantra*), die Abbildung einer persönlichen Gottheit oder eines Lehrer werden zur Ausübung von *Trataka* empfohlen.

Man unterscheidet zwei Arten von *Trataka*:

- Bahiranga Trataka
  und
- Antaranga Trataka.

Unter *Bahiranga Trataka* versteht man »äußerliches *Trataka*«, das tatsächliche Starren auf ein sichtbares Objekt, *Antaranga Trataka* heißt »inneres *Trataka*«, die Visualisierung eines *Chakras*, eines spirituellen Führers usw. vor dem »geistigen Auge«.

Eine der einfachsten und wirkungsvollsten Arten, *Trataka* auszuführen, besteht darin, auf die Flamme einer Kerze zu starren.

Setzen Sie sich hierzu – in einem möglichst dunklen Raum – in eine der Meditationsstellungen (Lotussitz, Diamantsitz etc.), und stellen Sie in Augenhöhe eine Kerze im Abstand von ungefähr einem Meter auf. Schließen Sie die Augen, und richten Sie Ihr Bewußtsein auf den Körper, bis dieser völlig ruhig und entspannt ist. Öffnen Sie

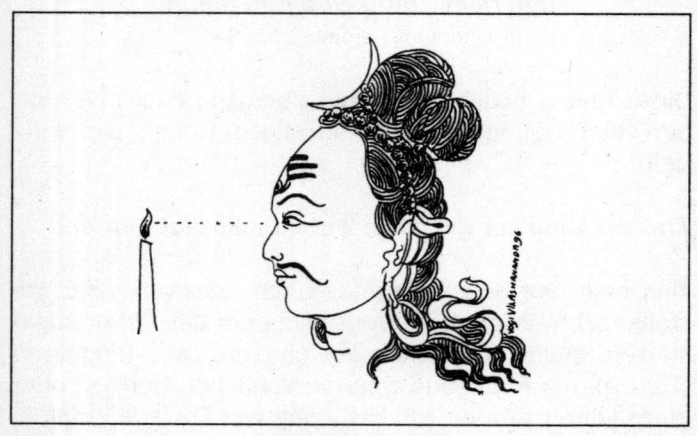

Abb. 11: Tratak

daraufhin die Augen, und starren Sie – ohne zu blinzeln – in die Flamme, bis die Augen nach einiger Zeit zu tränen beginnen. Schließen Sie nun die Augen, und visualisieren Sie die Kerzenflamme noch einige Zeit vor Ihrem »inneren Auge« (in Stirnhöhe, zwischen den Augenbrauen liegend). Wenn dieses Abbild verblaßt, öffnet man die Augen und starrt wieder auf die äußere Flamme. Man beginnt bei dieser Übung mit einer Übungsdauer von zwei bis drei Minuten, die man bis auf 15 Minuten steigern kann.

Tratak korrigiert Sehschwäche und einige Sehfehler wie Kurzsichtigkeit. Darüber hinaus stärkt sie die Nerven, beruhigt den Geist und vertieft die Konzentrationsfähigkeit.

Das Öffnen der Blüte –
Bandhas

Als wir uns eines Morgens über *Bandhas* und *Mudras*, die Siegel des Lotus, unterhielten, sagte ich einmal zu Lalji: »Sie scheinen aus dem *Tantrismus* zu stammen.«

»Alles *Yoga* kommt aus dem *Tantra*«, erwiderte er, »nur die Anhänger des Weges der ›Linken Hand‹ (*Vamachara*), die die fünf ›M‹ benützen, haben den Namen ruiniert. Aber dies ist das ewiggleiche Spiel in diesem Zeitalter *Kalis*, der Schrecklichen: Eine ursprünglich hehre Idee wird von ihren Anhängern verraten und verkauft – um der Macht oder des Geldes willen.« Schweigend, in seine Gedanken versunken, schaute er auf die strömende Ganga. »*Vamachara*, die fünf ›M‹. Du weißt wahrscheinlich, daß das zentrale Thema des *Tantrismus* die göttliche Energie, die *Shakti*, ist, personifiziert in einer ihrer weiblichen Formen, *Kali* oder *Durga* oder *Lakshmi* oder, wie immer wir sie auch nennen mögen, die Göttliche Mutter. Die Anhänger des ›Weges der Linken Hand‹ nun benützen bei ihren Ritualen fünf Dinge, die uns Hindus und Buddhisten normalerweise verboten sind, um ihre Abkehr von sämtlichen Beschränkungen und Dogmen zum Ausdruck zu bringen. Ohne strengste spirituelle Disziplin ist dieser Weg selbstverständlich äußerst gefährlich und endet häufig in ›sinnlosen‹ sexuellen Ausschweifungen. Doch vielleicht sind die ja auch gewollt. Die fünf ›M‹ sind – nach ihren Anfangsbuchstaben in Sanskrit: *Madya* (Wein), *Mansa* (Fleisch), *Matsya* (Fisch), *Mudra* (mystische Geste), und *Maithuna* (Geschlechtsverkehr). Manche meinen, dies sei nur symbolisch zu sehen, aber bei vielen Sekten war – und ist – dies äußerst real. Schau dir nur einmal die *Veden*[31] an, all diese *Slokas*[32] ›*Indra* gib uns Kühe, gib uns Pferde ..., vernichte unsere Feinde ...‹« sagte Lal Bahadur, »und natürlich haben sie die Kühe auch gegessen, selbst die Pferde. Und natürlich haben sie Alkohol getrunken.

Heute versuchen die *Brahmanen* natürlich, all dies ›symbolisch‹ zu interpretieren. Aber das stimmt nicht! Diese *Aryas* (Arier), diese »Reinen« waren schon entartet, als sie zum ersten Male die Ufer der Ganga erblickten. Sie waren wie die Wikinger.« Wieder blickte er nachdenklich über den nahen Fluß. »Und dann schufen sie all diese *Varnas*, diese Kasten. Menschen für immer und ewig versklavt – von Menschen, bis in unsere Tage. Nur die *Kshatriyas* begehrten auf; sie waren die Herrscher und wollten auch Bildung und all dies Wissen, das nur den *Brahmanen* zustand. Das Entstehen des Buddhismus – *Siddhartha Gautama*, den man später den *Buddha*, den Erwachten, nannte, war ja ein Fürstensohn, ein echter *Kshatriya* – war nichts anderes als ein Aufstand der *Kshatriyas* gegen die *Brahmanen*. Aber die *Brahmanen* waren ja so klug! Kaum war *Buddha* gestorben, erklärten sie ihn auch schon zu einer Inkarnation *Vishnus*, der neunten, zweitletzten, und etablierten aufs neue ihre Macht. Und als alles wiederum im Niedergang begriffen war, kam *Shankara*[33] und reformierte den Hinduismus. Er wollte weg von diesem ganzen rituellen Ballast, vertrat diese hohe Philosophie des *Advaita Vedanta*[34], jenseits aller Gegensätze und Kasten. Aber auch Shankara war nicht unsterblich. Und bald schon stellten die *Brahmanen* die »Hüter der Lehre«, die *Shankaracharyas*, die vier Nachfolger Shankaras, im Norden, Süden, Osten und Westen des Landes. Und so betrügt heute jeder jeden in Indien. Du kannst nicht einmal ein ehrliches Geschäft hier in Indien machen. Du mußt betrügen! Weil alle betrügen – von der Regierung angefangen. Und deshalb kommen die Pilger hierher, glauben, sich ihr Seelenheil erkaufen zu können und sind wieder einmal – betrogene Betrüger. Nur wenige sind bereit, sich an die Arbeit zu machen, die Arbeit an sich selbst.« Er lachte belustigt wie so oft, wenn er über Hinduismus und die

»Guru-Mafia« redete. »Also laß wenigstens uns beide ein wenig weiterarbeiten!«

Kurze Einführung in die Wirkungsweise der Bandhas

Vieles, was mir Lal Bahadur, Brahmananda, Baba Ram Das und andere über die Wirkungsweisen der Siegel des Yoga beibrachten, war eher praktischer Natur, bestand darin, die Übungen zu meistern. So reiste ich denn auch mit einem Packen Bücher nach Deutschland zurück, um das Erlernte im theoretischen Bereich zu vertiefen und zu systematisieren. Vor *allem die schon häufig zitierten Hatha Yoga Pradipika, Gheranda* Samhita und *Shiva Samhita*, autoritative Yoga-Schriften des 16. Jahrhunderts, leisteten mir hier unschätzbare Hilfe. Aber auch einige Schriften der *Bihar School of Yoga* trugen dazu bei, Licht ins Dunkel zu bringen. So schreibt zum Beispiel *Chela Buddhananda* unter Führung *Swami Satyananda Saraswatis*, einer der größten Yoga-Autoritäten des heutigen Indien, in seinem Buch *Moola Bandha, the master key*[35]: »*Wie kommt es, daß eine Gruppe von nur vier Übungen*[36] *gleichgesetzt wird mit Hunderten von Asanas-, Pranayama- und Mudraübungen oder deren Variationen oder ihr sogar eine größere Bedeutung beigemessen wird? Traditionell zeigt die Tatsache, daß ein spiritueller Schüler in die Technik der Bandhas im geheimen eingeführt wurde und erst die Ausführung vieler, oft sehr komplexer Asanas, Pranayamas und Mudras zu meistern hatte, daß die Praxis der Bandhas von den Yogis aufs höchste geschätzt wurde.*« Und weiter: »*Das Wort Bandha kann auf verschiedene Arten definiert werden. Ein Sanskritlexikon gibt folgende Erläuterungen: ›Bindung, Band, ... Kette, Verschluß.‹ Bandha* kann aber ebenso als ›Eindämmen eines Flusses‹, ›eine Brücke bauen‹ übersetzt werden. Dies kann in der Weise interpretiert werden, daß eine Bandha ein Fahrzeug ist, um den Ozean des Samsara, der weltlichen Existenz, zu überqueren und das andere Ufer der Erleuchtung, der Befreiung und der spontanen Kreativität zu erreichen.«

Heute wird *Bandha* meist einfach als »Verschluß« übersetzt. Doch ist diese Interpretation des Begriffes sicher zu eng, bieten diese Übungen mehr als ihre körperlich offensichtlichen Wirkungen.

Diese Techniken ermöglichen es dem Übenden, verschiedene Organe und Nerven im Körper zu kontrollieren. Sie haben jedoch darüber hinaus viel weiterreichende Auswirkungen, da sie mit den Energiezentren (*Chakras*) korrespondieren. Deshalb sind *Bandhas* viel dynamischer und effektvoller als gewöhnliche Muskelkontraktionen.

Da es drei *Bandhas* gibt – die vierte ist nur eine Kombination der ersten drei – werden vor allem drei Hauptmuskelgruppen berührt: die Muskeln

– des Perineums,
– des Bauches,
– des Nackens.

Während die *Bandhas* entwickelt und perfektioniert werden, sollte jede einzelne für sich praktiziert werden, um sie wirklich exakt isolieren, trennen und meistern zu können; wenn man sie schließlich beherrscht, sollte man sie in das System der *Asanas* und des *Pranayama* integrieren. Häufig entsteht durch die Kombination aus *Asanas* (Körperhaltung), *Pranayama* (Atemübung) und *Bandha* (Verschluß) eine *Mudra*, ein Siegel des Yoga.

Jalandhara Bandha –
Der Verschluß der Kehle

Die Zeit verstrich im Rhythmus der indischen Tage: Frühes Zwielicht über den Ausläufern des Himalaya, bei meinem Spaziergang entlang der *Ganga*. Vorbei an der Reihe schläfriger Bettler, zu müde noch um mit der Bettelschale zu winken, vorbei an dem stattlichen Bullen, der auf der Suche nach Kühen durch die Gassen streicht. Langsam erwacht das Dorf. Die ersten – alte Frauen zumeist – sind auf dem Weg zur Morgenandacht, zur *Puja*, in einem der vielen Tempel. Räucherwerk glimmt, Kampfer wird entzündet, und die Tempelglocken erheischen die Aufmerksamkeit der Götter: *Shiva* und *Parvati*; das göttliche Liebespaar, auf dem Berg *Kailash* thronend, und *Rama*, die siebte Inkarnation *Vishnus*, mit seiner Gemahlin *Sita*, *Ganesha*, der elefantenköpfige, und *Hanuman*, der König der Affen …

Dann eine Öl-Massage, eine Stunde *Yoga* mit Vedantanand. Ein Bad in der *Ganga*, während die ersten

Strahlen der Sonne die Hügel vergolden. Weiter dann durch die wispernde *Dschungel*, vorbei an den Hütten der Einsiedler, den Höhlen in den Uferfelsen. Vorbei an einer verendeten Kuh wohl auch einmal, von Geiern zerfetzt. Ein Gespräch mit Brahmananda, vor seinem löchrigen Zelt, *Bandhas* und *Mudras*. Eine Strecke Weges weiter noch, den Fluß querend auf schwankender Brücke, ein kleines Dorf, und oben am Hang fernab von der nächsten Behausung, die Hütte Lal Bahadurs. Stets bin ich gegen elf bei ihm, und während wir gemeinsam Gemüse schneiden und kochen, gehe ich nochmals alles neuerworbene Wissen mit ihm durch, ist er doch der einzige weit und breit, der zu all dem Wissen über die Wurzeln des Yoga noch eines kann: richtig Englisch.

»Ja, sagte er einmal«, »diese *Bandhas*, diese Verschlüsse, sind wirklich sehr nützlich, und du solltest sie unbedingt in deine tägliche Praxis einbauen. Am besten geschieht dies im Zusammenhang mit den Atemübungen, den *Pranayamas*.«

»Zieh die Kehle zusammen, und
presse das Kinn fest gegen das Brustbein.
Dies wird Jalandhara Bandha genannt
und besiegt Alter und Tod.«
Hatha Yoga Pradipika III/69

Und die *Gheranda Samhita* sagt darüber:

»Durch diese Übung
werden die sechzehn Adharas geschlossen.
(Energiekanäle, die vom Kehlkopfzentrum ausgehen.)
Durch diese Übung und die Maha Mudra wird
der Tod besiegt.«
Gheranda Samhita III/12

Abb. 12: Jalandhara Bandha

Setzen Sie sich zu dieser Übung in eine der Meditationshaltungen – am besten *Siddhasana* oder *Lotussitz*. Aber
auch der Diamantsitz eignet sich für diese Übung.

Man legt die Handflächen auf die Knie, schließt die Augen und entspannt den ganzen Körper. Nun atmet man
tief ein, hält den Atem an, senkt den Kopf nach vorn und
preßt das Kinn fest gegen das Brustbein. Dann drückt
man die Arme durch, während die Handflächen auf den
Knien bleiben. In dieser Endstellung verharrt man so
lange, wie man die Luft bequem anhalten kann. Dann
lockert man die Arme, löst das Kinn vom Brustbein, hebt
den Kopf und atmet langsam aus. Wenn die Atmung sich
wieder normalisiert hat, wiederholt man die Übung bis zu
zehnmal (s. Abb. 12 und 13).

Wem das Sitzen in einer dieser Stellungen zu Beginn
noch schwerfällt, der kann *Jalandhara Bandha* auch im
Stehen ausführen (s. Abb. 14).

Abb. 13: Jalandhara Bandha

Abb. 14: Jalandhara Bandha im Stehen

Mula Bandha –
Der Verschluß des Perineums

Lal Bahadur sagte einmal bei unserem täglichen Mittagsmahl: »Dieses Buch ist sein Gewicht in Gold wert, wenn du dich mit *Bandhas* und *Mudras* beschäftigst. Es ist sehr klar, sehr verständlich und gibt dir einen guten Background zu den Übungen mit Brahmananda – *Moola Bandha – the master key*.« (›Mula Bandha – der Hauptschlüssel‹. Doch auch dieses Wortspiel ist eigentlich nicht übersetzbar.)

Und so besorgte ich mir am Nachmittag, als das Land unter der Glut der Sonne stöhnte und Mensch und Tier nur nach einem lechzten: Schatten, in dem kleinen Buchladen des Klosters diesen Text Buddhanandas.

> *»Wer Mula Bandha beherrscht,*
> *gewinnt seine jugendliche Vitalität zurück.*
> *Er wird Sieger über Alter und Tod.«*
> Shandilya Upanishad

»Presse mit der Ferse
des linken Fußes in die Gegend
zwischen Anus und Skrotum, und ziehe
den Schließmuskel des Anus
kräftig zusammen;
presse die inneren Organe der Nabelgegend
vorsichtig gegen das Rückgrat, und
setze die rechte Ferse an die Wurzel des Geschlechts-
organs. Dies nennt man Mula Bandha,
den Zerstörer des Zerfalls.
Laß denjenigen, der den Ozean
der weltlichen Existenz zu überqueren wünscht,
sich an einen ruhigen Platz zurückziehen und
diese Übung im geheimen ausführen.
Durch diese Übung wird die Atmung (Prana)
zweifellos kontrolliert, man sollte diese Übung still,
mit Sorgfalt und ohne Nachlässigkeit ausführen.«
Gheranda Samhita III/14-17

Der Sanskritname »*Mula*« (nach dem Englischen häufig
auch Moola geschrieben) bedeutet »Wurzel«, »Quelle«
oder »Ursache«. »*Bandha*« bedeutet »Schloß«, »Riegel«,
»Verschluß«, »Zurückhalten«, »Zurückziehen«. Auch bei
dieser Namensgebung zeigt sich wieder die Liebe der »alten Meister« an vieldeutigen Wortspielen. Zum einen bedeutet *Mula Bandha* nichts anderes als ein »Zurückziehen« der Organe an der »Wurzel« der Wirbelsäule, zum
andern bedeutet *Mula Bandha* aber eben auch das »Verschließen« der »Ursache« – der Ursache von Krankheit,
Leiden, Tod. *Chela Buddhananda* sagt hierzu, *Mula
Bandha* sei die Übung zur Befreiung von allen Bindungen
des Lebens und des Todes, zur Erreichung von Unsterblichkeit. Und weiter: »Das Rad des *Karma*[37] kommt zur
Ruhe, was bedeutet, daß alle Bewegungen zur Ruhe kommen.«

Gemeint ist hiermit selbstverständlich keine körperliche Unsterblichkeit, sondern die Lösung aller Ursachen für eine ständige Wiedergeburt, den sogenannten *Samskaras*.

Setzen Sie sich zu dieser Übung in eine der Meditationsstellungen, am besten *Siddhasana*. Die Knie sind fest auf dem Boden, die linke Ferse drückt oberhalb der Genitalien gegen das Schambein, die Handflächen ruhen auf den Knien. Schließen Sie die Augen, entspannen Sie den Körper vollständig. Richten Sie nun Ihre Aufmerksamkeit auf den Unterleib, bis Sie einen kleinen »Druckpunkt« auf dem Schambein in der Mitte zwischen Hodensack und After (bei Frauen an der Öffnung der Gebärmutter, direkt unterhalb des Rückgrates) fühlen.

Zu Beginn ist es vielleicht hilfreich, den einmal gefundenen Punkt dadurch in seinem Bewußtsein zu »markieren«, daß man ihn als hellgelbes Quadrat mit einem darin nach unten zeigenden roten Dreieck visualisiert. (Dies ähnelt der traditionellen Darstellung dieses Energiezentrums, dem *Muladhara Chakra*.)

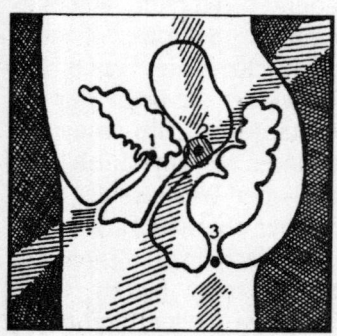 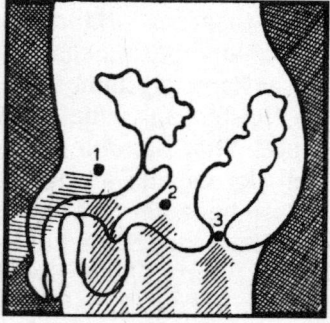

Abb. 15:
Weibliche Geschlechtsorgane.

Abb. 16:
Männliche Geschlechtsorgane.

Nach: Chela Buddhananda, Moola Bandha, the master key. Bihar School of Yoga, Ganga Darshan, Munger, Bihar, Indien.

Haben Sie den »Punkt« lokalisiert – nach einiger Zeit geschieht dies in Sekunden – atmen Sie tief ein, halten Sie dann den Atem an, und führen Sie *Jalandhara Bandha* aus. Versuchen Sie nun, die Muskeln in dieser Region des Perineums zusammenzupressen und nach oben zu ziehen. Verharren Sie in dieser Stellung so lange, wie Sie bequem die Luft anhalten können.

Lösen Sie dann die Kontraktion, heben Sie langsam den Kopf, und atmen Sie langsam aus.

Diese Übung sollte bis zu zehnmal wiederholt werden.

Die Lage der wesentlichen »Punkte« für **Mula Bandha** (2), **Vajroli** (1) und **Ashwini Mudra** (3) ist in den Abbildungen 15 und 16 dargestellt.

Uddiyana Bhanda –
Die Kontraktion des Bauches

»Zieh die Eingeweide
oberhalb und unterhalb des Nabels gleichermaßen
dem Rücken zu,
so daß die Unterleibsorgane den Rücken berühren.

Von allen Bandhas ist dies die beste.
Ihre vollständige Praxis macht die
Befreiung leicht.«
Gheranda Samhita III/10,11

Uddiyate bedeutet »nach oben steigend«, und Sinn dieser Übung ist es, die Lebensenergie, *Prana*, nach oben zu treiben, daher der Name: *Uddiyana Bandha*.
Setzen Sie sich auch zu dieser Übung in eine der Meditationsstellungen, die Handflächen ruhen auf den Knien. Schließen Sie die Augen, und entspannen Sie sich. Atmen Sie nun so vollständig wie möglich aus.

Führen Sie *Jalandhara Bandha* aus, und ziehen Sie die Muskulatur des Unterleibs möglichst weit nach innen und oben, so daß die Lungen gegen den oberen Teil des Brustkorbs gedrückt werden, das Zwerchfell schiebt sich gegen den Brustraum. Verharren Sie in dieser Stellung so lange, wie Sie es bequem können. Lösen Sie dann die Kontraktion der Bauchmuskeln, dann *Jalandhara Bandha*. Atmen Sie nun tief ein.

Hat sich die Atmung wieder normalisiert, wiederholt man diese Übung bis zu zehnmal.

Fällt einem zu Beginn der Übungen das Sitzen in einer der Mediationshaltungen noch schwer, kann auch stehend mit nach vorne geneigtem Oberkörper geübt werden. Die Handflächen werden auf die Knie oder in die Leisten gestemmt (s. Abb. 17).

Abb. 17: Uddiyana Bandha im Stehen

89

Maha Bhanda –
Der große Verschluß

Maha Bandha, der Große Verschluß, wird auch der dreifache Verschluß genannt, da er eine Kombination der drei vorangegangenen Übungen – *Jalandhara Bandha, Uddiyana Bandha* und *Mula Bandha* – darstellt. Diese Übung gilt als der wirkungsvollste Verschluß, als eine der wichtigsten Übungen zur Stimulation innerer Organe und zur Lenkung der Lebenskraft *Prana*. Die *Gheranda Samhita* schreibt hierzu:

> *»Maha Bandha ist die größte Bandha;*
> *sie zerstört Tod und Zerfall. Durch die Wirkung*
> *dieser Übung verwirklicht ein Mensch*
> *all seine Wünsche.«*
> Gheranda Samhita III/20

Setzen Sie sich hierzu wie gewohnt in eine der Meditationshaltungen, am besten *Siddhasana*. Atmen Sie nun tief ein und anschließend vollständig aus. Führen Sie dann

- Jalandhara Bandha,
- Uddiyana Bandha und
- Mula Bandha

in dieser Reihenfolge nacheinander aus. (Fortgeschrittene können zusätzlich zu *Mula Bandha* auch noch *Ashwini Mudra* und *Vajroli* anwenden.)

Versuchen Sie nun, Ihr Bewußtsein zwischen den einzelnen *Chakren*

- Muladhara Chakra (Wurzelzentrum/Perineum),
- Manipura Chakra (Nabelzentrum) und
- Vishuddha Chakra (Kehlkopfzentrum),

»kreisen« zu lassen, wobei Sie die Aufmerksamkeit immer nur für wenige Sekunden auf eines der *Chakren* richten und sich dann zum nächsten bewegen. Am Anfang kann es hierzu sinnvoll sein und die Konzentration erleichtern, wenn man dazu die Namen des entsprechenden *Chakra* im Geist wiederholt. Hat man nacheinander das Bewußtsein auf alle drei Punkte gerichtet, beginnt man wieder mit dem *Muladhara Chakra* und wiederholt den ganzen Prozeß so lange, wie man anstrengungslos den Atem anhalten kann.

Dann löst man *Mula Bandha*, *Uddiyana Bandha*, schließlich *Jalandhara Bandha*. (Diese Reihenfolge sollte stets eingehalten werden: Beim »Verschließen« beginnt man mit *Jalandhara*, dann *Uddiyana*, schließlich *Mula Bandha*, beim Lösen der Verschlüsse ist in umgekehrter Reihenfolge vorzugehen.) Nun nimmt man einige tiefe Atemzüge, atmet aus und wiederholt *Maha Bandha* (s. Abb. 18) bis zu neun Mal.

Abb. 18: Maha Bandha

*Bandhas massieren die inneren Organe,
beseitigen Blutstauungen,
stimuliern und regulieren die mit diesen
Organen verbundenen Nerven.
Sie beeinflussen damit direkt das Nervensystem,
die Atmung und das System der endokrinen
Drüsen. Sie senken den Blutdruck, verlangsamen
den Herzschlag und produzieren Alpha-Wellen
im Gehirn, den Zustand tiefer Entspannung.
Darüber hinaus helfen sie, die drei »psychischen
Knoten«, die Granthis, zu lösen, die das
ungehinderte Strömen von Prana im Körper
behindern; dadurch setzen sie spirituelle
Energie frei.*

Die Siegel des Lotus –
Mudras

Wenn man sich mit den Mudras des *Hatha Yoga* beschäftigt, spürt man sie noch deutlich, die gemeinsamen Wurzeln von *Tantra* und *Yoga*. Doch während im *Hatha Yoga* und im Tantra des »Weges der Rechten Hand« (*Dakshinachara*) vieles symbolisch praktiziert wird, verwenden die *Tantriker* des »Weges der Linken Hand« diese Begriffe nicht in übertragenem Sinn. So gebrauchen sie die »Fünf M« nicht in symbolhafter Form, sondern sehr real. Dies führt für viele Anhänger dieses Weges zu einer ständigen Gratwanderung auf Messers Schneide – und eine Vielzahl von »Abstürzen« ist vorprogrammiert.

Da nun auch der eine oder andere der »Abgestürzten« eine eigene Schule oder Sekte gründet, tummeln sich bisweilen einige recht bizarre Lehren auf diesem Jahrmarkt der Seelentröster.

Vor Jahren verbrachte ich einmal mehrere Wochen mit einem von ihnen (und ich habe ihn auch in der Zwischenzeit mehrmals besucht), einem freundlichen älteren Herrn von nahezu fünfundsechzig.

Er war als junger Mann aus Nepal nach Indien gekommen, um in der Armee zu dienen. Nun verbringt er seinen Lebensabend in einem kleinen *Ashram* am Oberlauf des Ganges, besucht die heiligen Stätten der Umgebung, die *Yogis* und *Sadhus* in den umliegenden Wäldern und träumt davon, einmal seinen eigenen *Ashram* zu gründen, in Nepal. Er beschäftigte sich viel mit den *tantrischen* Lehren seiner nepalesischen Heimat und stieß dabei wohl eher zufällig auf die »Fünf M«; doch nur eines davon hatte es ihm wirklich angetan: *Madya* – Wein! Er bevorzugt allerdings Whisky – indischen zumeist, destilliert in irgendeiner Hütte in irgendeinem Dorf unweit seines *Ashram*.

Als ich ihn kennenlernte, schaffte er bis zu zwei Litern am Tag, ohne doch je betrunken zu wirken, und er war stolz darauf, daß sein »*Yoga*« stärker war als der

Schnaps...Aber: Ich war viel mit ihm gewandert, und er hatte und hat einen für sein Alter (und seinen Schnapskonsum) wirklich außergewöhnlichen Schritt. Er kannte alle heiligen Männer der näheren und ferneren Umgebung, und es machte ihm sichtlich Spaß, mich zu ihnen zu bringen und den Dolmetscher zu spielen, wenn sie kein Englisch sprachen.

Ein anderes Beispiel für die oft seltsamen Auswüchse *tantrischer* Lehren ist der auch im Westen bekanntgewordene *Bharati Baba*. Ich traf ihn auf einer meiner Reisen durch Nepal. Ein einheimischer Freund, der meine Vorliebe für *Yogis* und *Sadhus* kannte, hatte mir von ihm erzählt:

»A real high Yogi! Very strong! A real great Tantrika!«[38]

Ich traf ihn schlafend in seinem kleinen Haus am *Bagmati* in der Nähe von *Pashupatinath*, einem der heiligsten Plätze Nepals, dem Nicht-Hindu auch heute noch verboten. Kaum daß ich ihn geweckt hatte, sprudelte er auch schon los. Er sei ein wirklicher *Yogin*, kein Kinder-Yoga wie bei den anderen! Er übe wirklichen *Yoga*! *Tantra*! Er könne sich unsichtbar machen, einen beladenen LKW ziehen, mit seinem Penis einen 50 kg schweren Stein heben! Auch das Fernsehen sei schon bei ihm gewesen! Nur ein paar *Rupies* (!), und er werde mir seine Kunst vorführen ...

Nur ein paar Rupies... Doch er zeigte mir einige höchst beeindruckende Proben seiner »Kunst«. Aber zu jener Zeit war ich nicht daran interessiert, hielt ihn für einen geschäftstüchtigen Scharlatan, der dem sensationslüsternen Westler ein paar Dollars aus der Tasche ziehen wollte. Aber wir lachten viel zusammen, und ich versprach, ihn ein anderes Mal zu besuchen, wenn ich mehr Zeit für seine Lehre hätte.

Als ich wieder einmal in das gesegnete Tal von *Katmandu* kam – es mochten wohl inzwischen zwei Jahre seit meinem ersten Treffen mit dem *Baba* vergangen sein, und ich beschäftigte mich inzwischen mit *Bandhas* und *Mudras* – führte mich mein Weg wieder nach *Pashupatinath*. Es ist immer wieder beeindruckend, wenn auch das Tempelinnere nach wie vor »For Hindus only!«[39] ist. Doch die Stätte hat ihren ganz besonderen Charme, etwas Unaussprechliches, Geheimnisvolles, Heiliges ...

Die Hindus opfern hier *Shiva* in seiner Gestalt als *Pashupati*, dem »Herrn der Tiere«. Einst, so die Sage, vergnügten sich *Shiva* und seine Gemahlin *Parvati* an den Ufern des *Bagmati* in der Gestalt von Gazellen in tausend Jahre währendem Liebesspiel im Gazellenhain von *Pashupatinath*. Als die Götter den einhörnigen *Shiva* einfingen, um ihn zur Rückkehr in seine göttliche Gestalt zu bewegen, zersplitterte sein Horn und wurde zum viergesichtigen *Lingam*, der heute noch im Hauptheiligtum im Innersten des Tempels verehrt wird. Doch auch die Buddhisten verehren den Ort als einen der 24 heiligsten Plätze der Erde, als nördlichste Speiche des buddhistischen Rades.

Auch heute noch stehen *Lingam* und *Yoni*, die symbolhaften Darstellungen männlicher und weiblicher Zeugungsorgane, die tantrischen Wahrzeichen *Shivas* und *Parvatis,* im Mittelpunkt zahlreicher Kulte. Und das orgastische Element des Tantrismus wird wohl nirgends so offenkundig, wie beim Fest der *Vatsala,* einer Erscheinungsform *Parvatis.* Ziegen werden geopfert, kleine Wasserbüffel gar. Das Blut fließt in Strömen. Und aus den Wasserspeiern des *Vatsalatempels,* fließt Weihwasser, dann Milch und *Ghee,* wunderkräftiger Urin schließlich der heiligen Kühe und dann? – Bier und Schnaps, in dem die Frauen baden. Drei Tage dauert das Fest, den Streit *Shivas* mit seiner Gattin darstellend und ihre Versöhnung, und an vielen Orten wird dieses Fest nicht nur symbolisch begangen.

Auch sonst begegnet man in Nepal *Tantrischem* noch allerorten: in den erotischen Schnitzereien der hölzernen Tempel des *Durbar Square* ebenso wie bei einer Vielzahl von kultischen Festen, und eben auch in *Pashupatinath*.

Auch das »Ende der Welt« wird nach Ansicht der Gläubigen hier, in *Pashupatinath*, seinen Anfang nehmen: Vor einem alten *tantrischen* Tempel an den Ufern des *Bagmati* steht eine Statue *Siddharta Gautama Shakyamunis*, des historischen *Buddha*, halb in der Erde versunken. Die Statue *Vajrabhairavas* im Innern des Tempels, so wissen es die Gläubigen, wird eines Tages zu

Abb. 19: Bhairava

wachsen beginnen und schließlich den Tempel sprengen. Gleichzeitig wird der steinerne *Buddha* vollends in der Erde verschwinden. Dies ist das Ende der Welt, das Ende des schrecklichen *Kali-Yuga*, des Eisernen Zeitalters. Alles Geschaffene sinkt in seinen unerschaffenen Zustand reinen Seins zurück, den Göttlichen Traum, um sich dann aufs neue zu manifestieren. In der Gestalt des *Vajrabhairava* zeigt sich erneut, wie Hinduistisches und Buddhistisches oft ineinander übergehen: Den Hindus gilt *Bhairava* (s. Abb. 19) als eine Emanation *Shivas*, vielarmig, mit flammendem Haar, mit Waffen bewehrt:

»Einst – so geht die Sage – wandelte SHIVA, der Herr, in den Himalayas, den Berg Meru umrundend, den Nabel der Welt. Doch die Frauen der dort lebenden Rishis, der weisen Seher, verliebten sich in ihn und verloren so ihre Keuschheit. Als nun die Heiligen dies sahen, beschlossen sie gemeinsam, SHIVA, den Herrn, zu töten. Doch all ihre Waffen, ihre Äxte und Keulen, ja, selbst die wilden Bestien und giftigen Schlangen, die sie auf ihn hetzten, der Mond, den sie auf ihn herabschleuderten, konnten dem Herrn nichts anhaben, und so schmückt sich der Gott nun mit ihren Waffen: Sein Kleid ist das Fell der Tiere, Schlangen schmücken den Herrn, und den Mond trägt er in seinem göttlichen Haar ...«.

Den Buddhisten gilt *Vajrabhairava* als Bekämpfer des Todes, als *Yamantaka*, der »dem Tod (*Yama*) ein Ende macht«. Waffenstarrend auch er, fellbehängt. Und so verehren ihn beide, friedlich in ihrer Anbetung vereint, Hindus und Buddhisten.

Ich streifte durch die verwinkelten Gassen der uralten Tempelstadt, vorbei an Verbrennungsstätten und Sterbehäusern und Tempelherbergen, einem Altersheim und den Beerdigungstätten der Heiligen Männer, die hier, in der Lotusstellung sitzend, begraben werden, von einer Steinplatte bedeckt, damit sie in den Nächten nicht aus ihren Gräbern steigen, vorbei an unzähligen Tempeln und kleinen Schreinen und Verkaufsbuden und Bettlern und Leprösen und Verkrüppelten und Blütenverkäufern und Pilgern und Mönchen. Ziellos ging ich entlang der *Bagmati*, den Fluß querend, höherkletternd auf den Fußspuren des heiligen *Gorakhnath*, eines berühmten *Yogin* des Mittelalters, um dessen Leben sich eine Vielzahl von Legenden bildete, ein Schüler *Matsyendranaths*, nach dem sogar eine *Asana* benannt wurde – wahrlich eine Seltenheit in den Yogaschriften!, und der Lehrer *Swatmarama Suris*, des Verfassers der *Hatha Yoga Pradipika*.

Eine seltsame Stimmung lag über dem Tal. Etwas Brodelndes, Gärendes. In einem der Höfe dann, ein paar Steinstufen hoch, saß eine Gruppe *Sadhus* um einen alten Heiligen – *Yogi Nar Hari Nath*, wie man mir später erklärte. Er hieß mich willkommen, fragte nach meinem Woher und erklärte es den anderen. Dann fuhr er in seiner feurigen Rede fort, gab ein paar Auserwählten am Ende seiner Ansprache jeweils einen Packen Flugblätter – ich war in die Streikvorbereitungen einer Gruppe von *Yogin* geplatzt! Doch das schönste: Inmitten der Gruppe – und offensichtlich einer ihrer Sprecher – saß *Bharati Baba* mit seinem tibetischen Schüler, der ihn schon bei meinem letzten Besuch begleitet hatte.

Kaum war die Versammlung beendet, kam er lachend zu mir, umarmte mich herzlich und erklärte mir mit seiner stets heiser klingenden Stimme, daß er sich freue, mich zu sehen, daß er nun aber leider keine Zeit habe. Aber am nächsten Morgen! Da habe er Zeit! Ich solle unbedingt wiederkommen! Er müsse nun die *Sadhus* führen zu einem großen Marsch durch die Stadt, später dann zu einer riesigen Versammlung von *Yogis* und Mönchen und *Sadhus* aus allen Teilen des Landes: Die Regierung hatte ein Gesetz verabschiedet, das das Töten der »heiligen« Kühe erlaubt!

Und so zog er davon – gefolgt von ein paar Dutzend halbnackter oder rotgewandeter *Sadhus* – seinen Dreizack über die Schulter gelegt und Flugblätter verteilend, Rufe skandierend. Durch die winkligen Gassen *Pashupatinaths* zunächst, dann immer weiter, dem Weichbild der Stadt zu, dem königlichen Palast von *Katmandu*.

Ich aber streunte weiterhin zielos umher, setzte mich ab und zu in einen der kleinen Schreine und ließ diese Stimmung, geboren aus Jahrhunderten ehrfürchtiger Verehrung und Anbetung der Hunderttausenden, auf mich wirken, als plötzlich ein *Swami* mittleren Alters im orangenen Gewand auf mich zukam, sich immer wieder mit vor der Brust gefalteten Händen vor mir verneigte:

»Willkommen, Herr! Vielmals willkommen!
Wie geht es Ihnen?«

In reinstem Deutsch! Woher er wußte, daß ich aus Deutschland kam? Beobachtungsgabe? Intuition? Ein einfacher Versuch? – Ich weiß es nicht. Aber es berührte mich zutiefst an jenem seltsamen Ort. Als ich ihn fragte, woher er so gut Deutsch könne, antwortete er, daß er 18 Jahre lang in Deutschland, in Düsseldorf, gewohnt habe (warum man ihn dann den »Hamburg-*Baba*« nennt, wie er mir sagte, bleibt ein weiteres »Geheimnis« Asiens), dort eine (deutsche) Frau und Kinder habe, eines davon mache gerade sein Abitur. Doch habe er nun alles aufgegeben, um ab fünfzig (er ist jetzt 45, wie er sagt) sein Leben als *Vanaprashta*[40], als Waldeinsiedler, in den Wäldern nahe *Pashupatinath* zu verbringen. Drei Jahre sei er nun schon hier- als Schüler *Bharati Babas*! Aber er benötige noch mindestens 5 Jahre, um von ihm alles über das

Überleben im Dschungel zu lernen! Der *Baba* kenne jedes Kraut, jede Wurzel, jedes Tier. Und wirklich, als ich mich ein paar Tage später mit *Bharati* auf eine mehrtägige Wanderung durch die nahen Bergwälder machte, war ich zutiefst von dessen Kenntnissen über Fauna und Flora und deren medizinische Verwendung beeindruckt. Ein wahrhaft »Weites Feld«, das hier auf seine Entdeckung wartet – doch leider wohl nicht mehr allzu lange, dann wird dieses jahrtausendealte Wissen verloren gehen, zusammen mit den letzten noch lebenden Bewahrern dieser Weisheit ...

Sadhu Ranjit, so der Name meines neuen Bekannten, erzählte mir die Geschichte jenes heiligen Ortes, immer wieder von Tränen – *tears of ecstasy*[41], wie er sie nannte – unterbrochen. Seltsame Geschichten zumeist, von Findelkindern, die niemals gestillt wurden und sehr früh starben, und die deshalb in der Welt der Dämonen wiedergeboren werden müssen – es sei denn, man verbrennt oder beerdigt sie in *Pashupatinath*. Eine Bestattung an dieser heiligen Stätte sichert ihnen eine Wiedergeburt in der Tierwelt – daher die vielen Affen im Tempelbezirk – worauf sie sich dann wieder als Mensch inkarnieren. Er erzählt von Selbstmördern und Ermordeten, deren Leichen nachts zu den Verbrennungsstätten gebracht werden, von der Milch, die auf unerklärliche Weise unter den Mauern des Hauptschreins hervorquillt und in die *Bagmati* strömt. Von den Kobolden und Gespenstern, die Samstagnachts zwischen eins und drei aus ihren Gräbern steigen, um die Fragen der hier harrenden *Sadhus* zu beantworten – doch niemals mehr als drei ...

Ein leichter Regen hatte eingesetzt, Vorbote des nun bald beginnenden Monsuns, der in Nepal noch viel heftiger ist als in Indien. Und so machte ich mich auf den Weg zurück in die Stadt.

Am anderen Morgen, nach einer Nacht voller Regen, ging ich durch die erwachende Stadt nach *Pashupatinath*. Kaufte etwas Stoff in dem kleinen Flecken oberhalb des Tempels – ich hatte *Ranjit* neue Kleider versprochen.

Den Weg zum Tempel säumte alles Leid und alle Armut Asiens. Bettler von überall her harrten der Pilgerstöme, die nun bald kommen würden, Geldwechsler und Verkäufer von Räucherwerk und heilkräftigen Amuletten, Wahrsager und Teeküchen.

Nach einem kurzen Stopp bei *Ranjit*, einem raschen *Çai*[42] machte ich mich auf den Weg zur Klause *Bharati Babas*. Dann wanderten wir gemeinsam zum Tempel von *Goukarnath*. Und hier, unter einer riesigen *Pipal*[43] , erzählte ich ihm von meiner Suche nach den *Mudras* und *Bandhas*. Und während unter uns der Fluß träge vorbeiströmte, braungefärbt von den Regengüssen der letzten Nacht, zeigte er mir die *Mudras* und *Bandhas*, die er täglich ausführt ...

In der *Gheranda Samhita*, dem nach Meinung einiger *Yogins* wohl ältesten Text, der sich mit *Mudras* beschäftigt, wird ein Gespräch zwischen *Shiva*, dem »Herrn des *Yoga*«, und seiner Schülerin und Gattin *Parvati* beschrieben, in dem er ihr die Wirkung der *Mudras* erläutert.

»Oh, Göttin! Ich habe Dir alle Mudras erklärt;
ihr Kennen führt zur Meisterschaft.
Es sollte mit größter Sorgfalt
geheimgehalten und nicht
unverantwortlich jedem gelehrt werden.
Diese Mudras bringen dem Yogi
Glückseligkeit, und sie sind nicht
einmal von den Göttern
der Lüfte (Maruts) leicht zu erreichen.«
Gheranda Samhita III/4,5

102

Was ist nun aber eine *Mudra*? Der Begriff *Mudra* bedeutet eigentlich »Zeichen« oder »Siegel«. Man versteht darunter häufig eine symbolische Geste oder Körperhaltung, die dem Gläubigen helfen soll, sich auf Gott zu konzentrieren. (Verwendet man den Begriff »*Mudra*« in diesem Sinn, ähneln diese *Mudras* unseren Gebetshaltungen.)

Mudras tauchen auch im klassischen indischen Tanz, in der bildlichen Darstellung hinduistischer Gottheiten und bei buddhistischen Darstellungen auf.

Auch einige *Mudras* des *Hatha Yoga* werden mit den Händen ausgeführt. Die meisten *Mudras* jedoch sind eine Komposition verschiedener *Bandhas*, *Pranayamas* und *Asanas*, die zu einer einzigen Übung verschmelzen: Darin besteht ihre ganz besondere Wirkungskraft!

Die *Gheranda Samhita* beschreibt 25 *Mudras*, die *Hatha Yoga Pradipika* zehn. Doch einige dieser *Mudras* sind identisch mit schon aufgeführten *Bandhas* und/oder *Pranayamas*.

Die Mudras der Hatha Yoga Pradipika

Wir wanderten viel zusammen in den nächsten Tagen, *Bharati Baba* und ich, manchmal begleitet von einem Freund oder seinem tibetischen Schüler. Die nahen Berge, die *Dschungel*, die vielen einsamen Schreine, es war eine Lust, hier zu sein! Morgens leitete ich manchmal einen Workshop in einem Yoga-Center, streifte durch die Straßen der Altstadt, besuchte die beiden anderen Königsstädte im Tal, *Bhaktapur* und *Patan*, wenn es gerade einmal nicht wie aus Kübeln schüttete, stieg die vielen hundert Stufen von *Swayambunath* empor, die den Aufstieg des menschlichen Geistes symbolisieren, begleitet von Hunderten von Affen.

Gegen Mittag dann zog es mich meist nach *Pashupatinath*, zu *Bharati Baba* und den anderen *Sadhus*. Und mehr und mehr erstaunte mich sein Wissen, die Bereitschaft, dieses Wissen mit mir zu teilen. Doch die Zeit verging, und unaufhaltsam näherte sich das Ende meiner Reise. Wehmütig schloß ich Bharati ein letztes Mal in die Arme, versprach wiederzukommen, beim nächsten Mal länger zu bleiben, weiterzuarbeiten an den Siegeln des Lotus.

>*»Maha Mudra, Maha Bandha, Maha Bedha,*
>*Khechari, Uddiyana Bandha, Mula Bandha,*
>*Jalandhara Bandha.*
>
>*Viparita Karani, Vajroli und Shakti Chalana.*
>*Dies sind die zehn Mudras, die*
>*Alter und Tod besiegen.«*
>Hatha Yoga Pradipika III/6,7

Von diesen zehn *Mudras* sind uns vier als *Bandhas* bereits bekannt, so daß noch sechs *Mudras* erläutert werden müssen:

- Maha Mudra (Die große Mudra/Das große Licht),
- Maha Bedha (Die Mudra der großen Durchdringung),
- Khechari (Der Verschluß der Zunge),
- Viparita Karani (Die umgekehrte Mudra)
- Vajroli (Die Mudra des Donnerkeils) und
- Shakti Chalana (Die Mudra der Schlange).

Maha Mudra – *Die große Mudra*

Diese Mudra gilt als eine der wirkungsvollsten Übungen überhaupt. So schreibt die *Hatha Yoga Pradipika* über sie:

> *»Es gibt nichts Gesundes oder Schädliches,*
> *denn das Ausüben dieser Mudra*
> *zerstört die schädlichen Auswirkungen*
> *sämtlicher Chemikalien (rasas).*
> *Selbst das tödlichste Gift wirkt wie Nektar.«*
> Hatha Yoga Pradipika III/16

Zu den Krankheiten, die diese *Mudra* beseitigen soll, zählen unter anderem Tuberkulose, Lepra, Koliken und Magenbeschwerden; und die *Gheranda Samhita* schreibt über diese Übung lapidar:

> *»Tatsächlich, sie heilt alle Krankheiten.«*
> Gheranda Samhita III/8

Bizarre Ausgeburten östlicher Phantasie? Allmachtsträume? Realität? Vielleicht von allem etwas. Ich würde es natürlich keinem raten, die Sache mit den Giften zu versuchen. Zwar gibt es wirklich erstaunliche Fähigkeiten – auch in diesem Bereich – bei einigen Yogis, und auch *Bharati Baba* erzählte mir, daß er mit Hilfe seiner Übungen den Biß einer Kobra überlebt habe, deren Skelett er seither als Kette um den Hals trägt, aber nach wieviel Übung! Bei welcher Konsequenz!

Auch ohne all die Wunderkräfte ist die *Maha Mudra* eine sehr gute Übung für die tägliche Praxis (s. Abb. 20).

Setzen Sie sich zu dieser Übung mit ausgestrecktem linken Bein auf den Boden, die rechte Ferse liegt unter dem Anus. Beugen Sie dann den Oberkörper gerade soweit nach vorne, daß Sie den großen Zeh des linken Fußes mit den Fingern beider Hände berühren. **Atmen Sie tief ein**. Führen Sie nun *Mula Bandha* aus, und starren Sie mit beiden Augen auf das Zentrum zwischen den Augenbrauen. Der Kopf bleibt aufrecht, wird nicht gebeugt. Dieses »Starren« bezeichnet man als *Shambhavi*

Abb. 20: Maha Mudra

Mudra. Während Sie den Atem anhalten, kreist Ihre Aufmerksamkeit zwischen dem Wurzelzentrum (*Muladhara Chakra*), dem Kehlkopfzentrum (*Vishuddhi Chakra*) und dem Stirnzentrum (*Ajna Chakra*), wobei die Achtsamkeit bei jedem Zentrum höchstens ein bis zwei Sekunden verweilen sollte. Setzen Sie dies fort, solange Sie den Atem problemlos anhalten können. Lösen Sie dann den Verschluß der *Mula Bandha*, atmen Sie langsam aus, und richten Sie sich wieder auf. Wiederholen Sie diesen Vorgang drei- bis fünfmal. Führen Sie sodann die Übung mit vertauschter Postion der Beine ebenfalls drei- bis fünfmal aus – das rechte Bein ist nun ausgestreckt, die linke Ferse liegt unter dem Anus.

Variation 1

Eine Variation, die vor allem von Fortgeschrittenen bevorzugt wird, besteht darin, daß Ein- und Ausatmung unter Beibehalten von *Jalandhara Bandha* durchgeführt werden. Beim Einatmen wird zusätzlich *Vajroli* ausgeführt.

Variation 2

Eine weitere Variation empfiehlt, nach dem Einatmen alle *Bandhas* auszuführen, die Luft anzuhalten, dann die unteren *Bandhas* zu lösen, auszuatmen und dann *Jalandhara Bandha* zu lösen.

»Maha Mudra ist eine Technik,
die die Kanäle der Lebensenergie reinigt,
die Ströme Ida und Pingala harmonisiert
und den Nektar der Glückseligkeit absorbiert,
so daß schließlich das gesamte Sein eines Menschen
von ihm durchdrungen wird.«
Yoga Chudamani Upanishad

*Diese Mudra ist eine ausgezeichnete
Vorbereitung auf die Meditation,
denn sie beruhigt Körper und Geist und regt den
Fluß psychischer Energie (Prana) an.
Außerdem beseitigt sie eine Vielzahl von Unter-
leibsproblemen. Sie kräftigt die Bauchorgane,
insbesondere Nieren und Nebennieren.
Sie kuriert Gebärmuttersenkungen und lindert
Vergrößerungen der Prostata und einige
Erkrankungen der Milz.*

Maha Bedha –
Die Mudra der großen Durchdringung

Maha Bedha, die »Mudra der großen Durchdringung«, ähnelt sehr stark der »Großen Mudra«, *Maha Mudra*. Der Unterschied liegt darin, daß man nach tiefem Eintamen möglichst vollständig **ausatmet** und dann die drei Verschlüsse – *Jalandhara Bandha*, *Mula Bandha* und *Uddiyana Bandha* – ausführt. Ist bei der *Maha Mudra* die Blickrichtung gerade aus (eher sogar etwas nach oben geneigt), der Kopf erhoben, richtet sich bei *Maha Bedha* der Blick zum Nabel, ist der Kopf gebeugt. Alles übrige – Starren auf das Zentrum zwischen den Augenbrauen, »Kreisen« der Achtsamkeit zwischen den drei *Chakren* – wird wie bei *Maha Mudra* praktiziert.

Können Sie den Atem nicht mehr mühelos anhalten, lösen Sie *Uddiyana Bandha*, *Mula Bandha* und schließlich *Jalandhara Bandha*.

Über das Zusammenspiel zwischen *Maha Bandha*, *Maha Mudra* und *Maha Bedha* schreibt die *Hatha Yoga Pradipika*:

»Diese drei sind die großen Geheimnisse.
Sie sind die Sieger über Alter und Tod ...«
Hatha Yoga Pradipika III/30

Und die *Gheranda Samhita* sagt über diese Übung:

»So wie die Schönheit, die Jugend
und der Charme der Frauen nutzlos sind ohne Männer,
so sind Maha Bandha und Mula Bandha
ohne Maha Bedha.«
Gheranda Samhita III/21

Diese Mudra ist besonders geeignet,
sich mit dem »Inneren Selbst« zu vereinen.
Hierbei werden alle Kanäle (Nadis)
und Energiezentren (Chakras) vom Bewußtsein
durchdrungen – daher der Name
dieser Mudra.

Khechari –
Der Verschluß der Zunge

»Mit einem scharfen, glatten und sauberen Messer in
der Form eines Kakteenblattes wird das Zungenband
leicht eingeschnitten, nur um Haaresbreite.

Am siebten Tag sollte es wieder
um Haaresbreite geschnitten werden.

Man fährt hiermit regelmäßig sechs Monate lang fort.
Nach Ablauf von sechs Monaten wird das Zungenband
vollständig durchschnitten sein.

Wenn die Zungenspitze den Raum
zwischen den Augenbrauen berühren kann,
ist Khechari vollbracht...«
Hatha Yoga Pradipika III/34, 35, 36, 33

Dies ist eine sehr aufwendige und nicht ungefährliche Prozedur, der man sich – falls überhaupt –

nur unter Anleitung
eines erfahrenen Lehrers und Arztes

unterziehen sollte. Sie wird deshalb heute – auch in Indien – nur noch höchst selten auf diese archaische Art und Weise ausgeführt. Mit dem *Khechari* des *Raja Yoga* erzielt man auf weit weniger spektakuläre Weise eine vergleichbare Wirkung: die Stimulation der Sekretabsonderung bestimmter Druckpunkte und Drüsen und die Speicherung der Lebensenergie im Körper. Diese *Mudra* vertreibt ebenfalls Hunger und Durst, weckt die *Kundalini*-Energie und führt dazu, daß sich der Astralkörper vom physischen Körper lösen kann. Viele alte Yogatexte weisen dieser *Mudra* eine ganz besondere Bedeutung zu. *Yogis*, die sich für lange Zeit lebendig begraben ließen (und lassen), um ihre *Yoga*-Kräfte zu demonstrieren, verharrten die gesamte Zeit in der *Khechari Mudra*.

Die *Khechari Mudra* des *Raja Yoga* wird mit geschlossenem Mund geübt.

»Die umgebogene Zunge wird in die Rachenhöhle
gebracht, der Blick auf die Stelle zwischen den Augen-
brauen gerichtet. So entsteht die Khechari.«
Hatha Yoga Pradipika III/32

Rollen Sie die Zunge so weit wie möglich zurück, so daß die Unterseite der Zunge den Gaumen berührt. Versuchen Sie nun – möglichst anstrengungslos – die Zungenspitze immer weiter nach hinten zu bewegen. Führen Sie diese Übung möglichst lange (z.B. auch während der Meditation) durch. Fühlen Sie – vor allem zu Beginn – etwas Unbehagen, entspannen Sie die Zunge ein paar Sekunden, und fahren Sie dann mit der Übung fort. Mit fortschreitender Übung wird die Zunge immer tiefer in den Rachen gelangen und hier eine Vielzahl vitaler Nervenzentren stimulieren.

Der Blick ist während der gesamten Übung (bei offenen oder geschlossenen Augen auf *Ajna Chakra*, den Raum zwischen den Augenbrauen, das »Dritte Auge«, gerichtet. Die Atmung wird bei dieser Übung allmählich reduziert, so daß man nach einer Übungsdauer von ca. zwei bis drei Monaten bei fünf bis acht Atemzügen pro Minute angelangt ist.

»Der Yogi, der auch nur für zwei Minuten so
mit nach oben gerollter Zunge sitzt, wird von Gift,
Krankheiten, Alter und Tod befreit.«
Hatha Yoga Pradipika III/38

Die Khechari Mudra hat sehr subtile
Auswirkungen auf den Menschen: Sie stimuliert
die endokrinen Drüsen und verleiht dem
Körper dadurch eine Vielzahl gesundheitsfördern-
der Wirkungen. Diese Mudra hilft, die Kundalini
zu wecken und Lebensenergie im Körper
zu speichern.

Viparita Karani – *Die umgekehrte Mudra*

Nach den Beschreibungen der *Hatha Yoga Pradipika* und der *Gheranda Samhita* ist die *Viparita Karani* nichts anderes als *Shirshasana*, der Kopfstand:

>*»Setze den Kopf auf den Boden,*
>*und strecke die Füße in den Himmel,*
>*eine Kshana (4 Minuten) nur am ersten Tag,*
>*und steigere diese Zeit täglich.*

>*Nach sechs Monaten werden Falten und graues Haar*
>*verschwunden sein.*
>*Wer diese Übung täglich einen Yama (3 Stunden)*
>*lang übt, besiegt den Tod.«*
>Hatha Yoga Pradipika III/80, 81

>*»Die Sonne (rechter Energiekanal = Pingala)*
>*wohnt an der Wurzel des Nabels*
>*und der Mond (linker Energiekanal = Ida)*
>*an der Gaumenwurzel.*
>*Der Prozeß, durch den die Sonne aufsteigt*
>*und der Mond absteigt, wird Viparita Karani genannt.*
>*Dies ist eine geheime Mudra in allen Schriften.*
>*Setz deinen Kopf mit gespreizten Händen*
>*auf den Boden, streck die Füße nach oben*
>*und verharre so.*
>*Dies wird Viparita Karani genannt.«*
>Gheranda Samhita III/9

Heute versteht man unter der »Umgekehrten Mudra« jedoch im allgemeinen eine Variation des Schulterstandes (*Sarvangasana*). Diese Übung ist – vor allem für den Anfänger – allerdings wesentlich einfacher, da der Oberkörper nicht vollständig senkrecht nach oben gestreckt wird,

112

Yab-Yum - Die Vereinigung des männlichen und des weiblichen Prinzips

Sadhu in Haridwar

Rechts:
Jalandhara Bandha -
Der Verschluß der
Kehle

Unten:
Maha Bandha - Der
große Verschluß

Viparita Karani - Die umgekehrte Mudra

Yoni Mudra - Die psychische Quelle

Links:
Tadagi - Das Faß

Unten:
Yoga Mudra - Das Siegel des
Yoga

Oben links: Ardha Padmasana mit Dhyana Mudra - Halber Lotussitz mit der Geste der Meditation
Oben rechts: Siddhasana mit Jnana Mudra - Vollkommene Stellung mit der Geste des Wissens
Unten links: Ardha Padmasana mit Chin Mudra - Halber Lotussitz mit der Geste der Bewußtheit
Unten rechts: Vajrasana - Der Diamantsitz

Links:
In Ladakh

Unten:
Ganges bei Haridwar

sondern in einem 45° Winkel zum Boden verharrt. Auch das Kinn wird – anders als beim Schulterstand – nicht gegen die Brust gepreßt. Eine besondere Bedeutung kommt der Atmung zu. Man verwendet hierzu eine spezielle Atemtechnik, das *Ujjayi Pranayama*. Auch meine Lehrer zeigten mir diese Übung vor allem unter diesem Aspekt: Körperhaltung (*Asana*) und Atemtechnik (*Pranayama*) verschmelzen zu einer *Mudra*.

Ujjayi

Bei *Ujjayi* atmet man tief und sanft durch beide Nasenlöcher ein, wobei die Stimmritzen geschlossen sind und die Zunge in der *Khechari Mudra* nach hinten gerollt wird. Durch das Schließen der Stimmritzen entsteht ein schwacher Seufzerton, dem Schnarchen eines Kindes vergleichbar. Diese Atemtechnik beruhigt Nervensystem und Geist; sie verlangsamt den Herzschlag und ist hilfreich bei hohem Blutdruck. Außerdem stärkt *Ujjayi* das Verdauungssystem und beseitigt einen Überfluß an Schleim[44].

Viparita Karani

Legen Sie sich zu dieser Übung (s. Abb. 21) zunächst ausgestreckt auf den Rücken. Heben Sie nun langsam die gestreckten Beine vom Boden, bis der Rumpf einen 45-Grad-Winkel mit dem Boden bildet. Strecken Sie die Beine nach oben, die Ellbogen liegen abgewinkelt auf dem Boden, die Hände fassen die Taille, um den Körper zu stützen. Das Kinn wird – anders als beim Schulterstand – nicht gegen das Brustbein gepreßt.

Entspannen Sie den ganzen Körper (mit geschlossenen Augen). Beim Einatmen – mit *Ujjayi* – fühlt man Atem und Bewußtsein vom Nabelzentrum (*Manipura*

Abb. 21: Viparita Karani

Chakra) zum Kehlkopfzentrum (*Vishuddhi Chakra*) strömen. Beim Ausatmen – mit geöffneten Stimmritzen – verharrt das Bewußtsein im Kehlkopfzentrum, beim Einatmen fühlt man wieder die Bewegung von Atem und
Bewußtsein vom *Manipura Chakra* zum *Vishuddhi Chakra*.

Die Dauer dieser Übung kann und sollte im Laufe der
Zeit erhöht werden. Zwar werden wohl nur wenige die von
der Hatha Yoga Pradipika geforderten drei Stunden zur
Verfügung haben, doch zehn bis fünfzehn Minuten sind
erstrebenswert.

114

Diese Mudra dient der Reinigung des gesamten Feinkörpers. Sie verändert den Fluß von Prana im Körper. Vor allem befördert sie Prana vom Manipura Chakra (Nabelzentrum) zum Vishuddhi Chakra (Kehlkopfzentrum). Sie stellt eine gute Übung zur Sublimation sexueller Energie von den niederen zu den höheren Zentren dar.

Vajroli – *Die Mudra des Donnerkeils*

Als ich *Bharati Baba* vor Jahren kennengelernt hatte, hatte er mich mit den Kunststücken, die er mit seinem Penis vorführte, zu beindrucken versucht. Und obwohl ich zu diesem Zeitpunkt den praktischen Nutzen, den Sinn und Zweck dieser Übungen, nicht verstand – und ich gestehe es, auch heute noch erscheint mir einiges ziemlich sinnlos – war es doch erstaunlich und daher auch beeindruckend, wie er seinen Körper, insbesondere jenes ansonsten recht empfindliche Organ, beherrschte. Außer seiner publikumswirksamsten Übung – mit seinem Penis einen fünfzig Kilogramm schweren Felsbrocken anzuheben – zeigte er mir damals einige etwas weniger spekta-

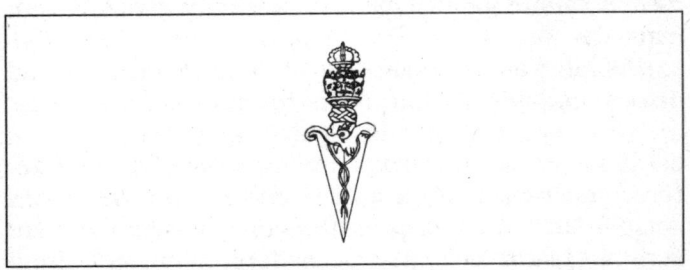

Abb. 22: Diamantzepter

kuläre, meiner Ansicht nach jedoch weit schwieriger zu meisternde Übungen. So klemmte er zum Beispiel seinen Penis zwischen die beiden Eisen einer Feuerzange, wie sie viele Yogis mit sich führen, drehte sie geschwind, daß der Penis gezwirbelt wurde, wie man wohl ein Stück Wolle oder einen Hanfstrick dreht, dann führte er die Feuerzange zwischen den Beinen nach hinten und setzte sich, scheinbar recht gemütlich auf das gemarterte Körperteil. Eine Übung, die wohl bei jedem »normalen« Menschen in der Notaufnahme des Krankenhauses ihren vorläufigen Höhepunkt finden würde.

Als ich nun ein paar Tage mit ihm in den Bergen der näheren Umgebung wanderte – immer mehr erstaunt über sein wahrhaft enzyklopädisches Wissen, gab es doch wahrlich kein Kraut am Weg, dessen heilende Wirkung er nicht benennen konnte. »Krebs? Das ist überhaupt kein Problem: Nimm das und das Kraut ...« und er zeigte dabei auf die eine oder andere unscheinbare Pflanze im Dschungel oder auf den Almen. Auch AIDS – so meinte er, sei durchaus heilbar. Und er erzählte mir von der jahrzehntelangen Lehrzeit, die er bei seinem Meister durchmachen mußte und durfte(!), um all jenes Wissen zu erwerben. Nun weiß ich natürlich nichts über seine »Wundermittel« gegen Krebs und AIDS, doch ich erprobte die Wirkung einiger Pflanzen, die er mir zeigte und *die ich kannte*, und die Wirkung war verblüffend. Einmal fragte ich ihn:

»*Babaji*, was bezweckst du mit diesen Übungen mit deinem *lingam*? Wohin soll dies führen?«

»Zum einen zeige ich den Leuten, wozu der Mensch in der Lage ist – wenn er *Yoga* übt!« antwortete er ohne Zögern, »mache ich sie neugierig! Und wie du siehst – es klappt! Auch du bist ja schließlich zurückgekommen! Zum andern ist dies eine besondere Form des *Vajroli*, der *Mudra* des Donnerkeils. Sie ist nur wenigen möglich;

116

doch ich bin ein *Balyogi*, ein *Yogi* von Kindesbeinen an. Und so ist mir manches möglich, was anderen verwehrt ist. Niemals berührte dieser *Lingam* eine *Yoni*. Niemals verfing ich mich in diesen Fallstricken der Natur! Und so bin ich in der Lage, höhere Techniken des *Tantra* zu verwirklichen.«

Vajroli – auch mit *Lal Bahadur* und mit *Brahmananda* hatte ich über diese geheimnisumwobenen Übungen geredet, Sie hatten mir Geschichten erzählt über die *tantrischen Yogis* alter Zeit, die diese Techniken mißbraucht hätten, zu rein sexueller Lust. Wie sie Frauen damit wahrhaft zu Tode »liebten«, wie sie diese Techniken den Herrschern mit ihren *Harems* mit vielen Hunderten von Frauen verrieten – gegen Macht und Geld und – Frauen! Wie diese Techniken daher in Verruf gerieten und nur noch im geheimen von ein paar wenigen Menschen bewahrt wurden. Doch immer wieder hatten sie auf die außerordentlich verjüngende Wirkung dieser *Mudra* hingewiesen und mich schließlich eine – auch für den eher weltlichen Menschen des Westens geeignete – Form gelehrt.

Bei dieser *Mudra* treten die *tantrischen* Ursprünge am deutlichsten zu Tage. In einer deutschen Ausgabe der *Hatha Yoga Pradipika* von 1893 steht zu dieser Übung:

> *»Inter coitum yogi contractione semen lente*
> *ascendere cogat, quomodo et vir et femina vajroli*
> *adipisci possunt ...*

Der Autor sah sich offensichtlich außerstande, diese Übung in seiner Muttersprache darzulegen; nur Latein, die Sprache der Wissenschaft, schien ihm hierzu geeignet.

Die gebräuchliche Übersetzung mit *»Mudra des Blitzes«* wird ihr nur teilweise gerecht, sinnvoller erscheint die Be-

zeichnung »*Mudra* des Donnerkeils«. *Vajra*, der Donner-
keil, ist ein uraltes Symbol der vedischen Arier. Der *Vajra*,
der »Harte«, »Unzerstörbare«, »Diamantene«, galt als Symbol für alles Unbesiegbare, Unzerstörbare, als Attribut *In-
dras*, der höchsten vedischen Gottheit, später als Symbol
Shivas, der Schutzgottheit der *Yogin*. Und nichts weniger
als dies versprachen sich die »Alten« von dieser Übung:
Unzerstörbarkeit, ewiges Leben. Auch heute noch kursie-
ren die unglaublichsten Geschichten über vielhundert-
jährige *Yogin* überall in Indien – mag man sie glauben
oder nicht.

Dem männlichen Samen kommt in den alten philoso-
phischen Systemen Asiens – und nicht nur hier – eine un-
geheure Bedeutung bei: Er gilt als unmittelbarer Ausdruck göttlicher Schöpfungskraft. Die *Hatha Yoga
Pradipika* schreibt hierzu:

> *»Der Yogin, der so seinen Samen bewahren kann,*
> *überwältigt den Tod;*
> *denn der Tod kommt durch Verströmen des Samens,*
> *und das Leben wird durch sein Bewahren verlängert.«*
> Hatha Yoga Pradipika III/87

> *»Auf die Seele wird der Samen,*
> *auf den Samen das Leben gestützt.*
> *Daher sind Seele und Samen*
> *sorgfältig zu bewahren.«*
> Hatha Yoga Pradipika III/89

(Oder: »*In animo semen virile, in semine vita nititur; di-
ligenter igitur animus semenque servanda sunt*«, wie
unser gelehrter Freund aus längst vergangenen Tagen
schrieb.)

Früher – und auch noch heute bei einigen tantrischen
Schulen (z.B. in Nepal) – wurde diese Übung mit einer

Partnerin in sexueller Vereinigung durchgeführt, ohne daß es zu einem Samenerguß kommen durfte. Das heute nur noch symbolisch verstandene Yab-Yum[45] des tibetischen Buddhismus hat ebenso reale Hintergründe wie die Darstellung *Shivas* mit seiner Gemahlin *Parvati* (Shakti).

In unseren Tagen erlangten solche Praktiken durch *Bhagwan Shree Rajneesh* und seine Neo-Sannyas-Bewegung wieder eine gewisse Bekanntheit.

> *»Zieht man den Samen, der normalerweise beim Geschlechtsverkehr verströmt, nach innen, erreicht man Erfolg in der Ausübung von Vajroli.«*
> Hatha Yoga Pradipika III/84

Es gibt bei dieser *Mudra* einige Fortgeschrittenen-Techniken, die nur unter der Führung eines erfahrenen Lehrers – falls überhaupt – durchgeführt werden sollten (so wird z.B. ein Silberkatheder in die Genitalien eingeführt, um damit Luft, später Wasser, Milch, Honig und schließlich Quecksilber nach innen zu saugen). Die hier aufgeführte Form von *Vajroli* ist sicher weit weniger spektakulär, führt aber ebenfalls im Laufe der Zeit zu einer vollständigen physischen und mentalen Beherrschung der urogenitalen Muskeln.

Setzen Sie sich hierzu mit völlig aufrechtem Rückgrat und geschlossenen Augen in die Vollkommene Stellung (*Siddhasana*), auch andere Meditationshaltungen können verwendet werden. Entspannen Sie sich völlig, und wenden Sie ihr Bewußtsein auf den Genitalbereich. Versuchen Sie nun, beim Einatmen die Sexualorgane nach oben zu ziehen, indem Sie das Harnsystem kontrahieren. (Dies ist dieselbe Muskelkontraktion, die man anwendet, um das Urinieren für einige Zeit zu verhindern.) Beim Mann werden hierbei Penis und Hoden leicht nach hinten und oben bewegt, bei der Frau die äußeren Vaginalmuskeln und die Klitoris. Der Höhepunkt der Kontraktion fällt mit dem Höhepunkt der Einatmung zusammen.

Verharren Sie nun einige Augenblicke – so lange Sie dies ohne Anstrengung können – in diesem angespannten Zustand. Nehmen Sie dies mit voller Aufmerksamkeit wahr. Lösen Sie dann die Spannung beim Ausatmen wieder langsam. Diese Übung wird im Rhythmus einer langsamen und tiefen Atmung 20 bis 25mal wiederholt.

Diese Mudra wirkt besonders
auf jenen Energiekanal, der die Sexualorgane
mit vitaler Energie versorgt.
Der Übende wird dadurch in die Lage
versetzt, die Lebensenergie,
die normalerweise bei einem
Samenerguß verlorengeht, zu bewahren,
zu sublimieren und zu
transformieren.

Ashwini-Mula-Vajroli-Kombination

Diese Übung ist für die tägliche Praxis besonders geeignet und wirkungsvoll, da sie Zeit spart und mehrere *Mudras* und *Bandhas* verbindet.

Sie verbindet

– Mula Bandha,
– Vajroli und
– Ashwini Mudra.

Ashwini Mudra

Diese *Mudra* wird in der *Hatha Yoga Pradipika* nicht erwähnt; in der *Gheranda Samhita* aber steht über diese *Mudra*:

> *»Wenn man die Analöffnung wieder*
> *und wieder zusammenzieht und öffnet,*
> *nennt man dies Ashwini Mudra.*
> *Sie erweckt die Kundalini.«*
>
> Gheranda Samhita III/21

Der Sanskritbegriff »*Ashwini*« bedeutet »Stute« und beschreibt die Art und Weise, wie diese Übung durchgeführt werden sollte: so, wie Stuten nach der Ausscheidung des Urins die Ausscheidungsorgane kontrahieren und entspannen.

Setzen Sie sich hierzu in eine der Meditationsstellungen, schließen Sie die Augen, entspannen Sie sich, und kontrahieren Sie beim Einatmen den Schließmuskel des Afters. Verweilen Sie einige Augenblicke – so lange Sie dies anstrengungslos können – in dieser Kontraktionsphase mit angehaltenem Atem. Entspannen Sie sich wieder, während Sie ausatmen. Achten Sie darauf, daß sich nur der Schließmuskel kontrahiert, nicht auch gleichzeitig benachbarte Muskeln des Harnsystems.

Die *Ashwini-Mula-Vajroli*-Kombination besteht nun darin, *Ashwini Mudra*, *Mula Bandha* und *Vajroli* abwechselnd nacheinander durchzuführen.

Diese Übung eignet sich hervorragend als letzte körperliche Übung einer Yoga-Runde, als Einstimmung in die Meditation.

Setzen Sie sich mit aufgerichtetem Oberkörper – die Handflächen auf den Knien oder in der *Chin Mudra*, der »*Mudra* des Wissens«, – in eine der Meditationsstellungen, am besten in *Siddhasana* (Vollkommene Stellung) oder *Padmasana* (Lotussitz). Schließen Sie die Augen, und entspannen Sie sich vollständig. Führen Sie nun 25-mal *Ashwini Mudra*, dann 25mal *Mula Bandha*, schließlich 25mal *Vajroli* aus.

Beachten Sie, daß Sie

– bei der Einatmung die entsprechenden Muskeln
  kontrahieren,
– dann den Atem anhalten und die Spannung halten,
– beim Ausatmen die Spannung wieder lösen.

Eine solche »Runde« kann beliebig oft – auch mehrmals am Tag – wiederholt werden.

Diese »Unterleibsübungen« haben vielfältige Wirkungen: Sie beseitigen Störungen im Bereich der Ausscheidungs- und Sexualorgane, kräftigen diese, transformieren die Sexualenergie in höhere Energieformen und dienen dazu, die Kundalini-Energie, die mystische Schlangenkraft am unteren Ende der Wirbelsäule, zu aktivieren.

Sahajoli

Diese Übung soll nur der Vollständigkeit halber erwähnt werden. Außerdem wirft sie erneut ein Licht auf den uralten Kontext, in dem diese *Mudras* und *Bandhas* entstanden.

Zwar gilt die Kuh in Indien nicht als »heilig«, wie man im Westen immer wieder hört, doch kommt ihr als Sinnbild aller »subhumanen Kreatur« besondere Bedeutung bei,

122

versorgte sie doch von alters her den Menschen mit nahezu allem, was er zum Leben brauchte: Nahrung (Milch-
produkte), Kleidung und Werkzeug (Fell, Horn), Dünger
(Dung), Brennmaterial (Dung), Desinfektionsmittel (Urin)
und Arbeitskraft. So nimmt es nicht weiter wunder, daß
die Kuh in so hohem Ansehen stand und steht. In alter
Zeit – und eigentlich gilt dies auch heute noch – mußte
sich ein gläubiger Hindu, der sich grob verunreinigt hatte
(z.B. dadurch, daß er über das »Schwarze Wasser«, den
Ozean, gefahren war und Umgang mit den *Mlechchas*,
den außerhalb jeder Kaste stehenden Fremden gepflegt
hatte), durch die *Pancha Gavya*, die »fünf Gaben« (der
Kuh) reinigen: Milch, *Ghee*[46], Joghurt, Dung und Urin.

Auch bei *Sahajoli* findet Kuhdung – um den Körper zu
reinigen und zu kräftigen – Anwendung.

*»Asche von verbranntem Kuhdung sollte
mit Wasser vermischt werden.*

*Nachdem sie in der Art des Vajroli miteinander
verkehrt haben, sollten beide, Mann und Frau,
ihren Körper damit einreiben.*

*Dies nennt man Sahajoli, und
die Yogin sollten sich daran halten.
Es kräftigt den Körper und führt schließlich
zur Befreiung.«*

Hatha Yoga Pradipika III/90-92

Shakti Chalana –
Die Erweckung der Schlangenkraft

Shakti ist die Personifizierung der Ur-Energie, die Gemahlin *Shivas*, die göttliche Mutter, der »dynamische Aspekt

Gottes«. Im menschlichen Mikrokosmos ist die *Shakti* jene Energie, die am Ende der Wirbelsäule ruht und darauf wartet, geweckt zu werden – dies ist Sinn aller Yoga-Übungen.

Die *Hatha Yoga Pradipika* bleibt bei der Beschreibung der *Shakti Chalana* recht nebulös:

> *»Der Yogin, der, im Diamantsitz sitzend,*
> *die Kundalini bewegt,*
> *sollte Bhastrika ausüben,*
> *um die Kundalini zu wecken.*
>
> *Hierzu sollte*
> *das Sonnengeflecht (Nabelgegend) kontrahiert*
> *werden.*
> *Es gibt keine Angst für denjenigen,*
> *der dies tut,*
> *selbst wenn er den Rachen des Todes betritt.«*
> Hatha Yoga Pradipika III/108,109

Und die *Gheranda Samhita* schreibt zu dieser *Mudra*:

> *»Reibe den Körper mit Asche ein,*
> *setze dich in Siddhasana, und zieh Prana durch*
> *die Nasenlöcher ein,*
> *vereinige Prana mit Apana, und*
> *zieh den Schließmuskel mit Ashwini Mudra*
> *zusammen ...«*
> Gheranda Samhita III/54,55

Brahmananda bevorzugte für diese *Mudra* folgende Variation:

Setzen Sie sich in *Siddhasana* (Vollkommene Stellung). Schließen Sie die Augen und entspannen Sie sich. Atmen Sie nun mit weit geöffneten Nasenlöchern einige

Male rhythmisch tief ein und aus. Atmen Sie dann tief ein, verschließen Sie die Kehle mit *Khechari* und *Jalandhara Bandha*, wenden Sie *Vajroli*, *Mula Bandha* und *Ashwini Mudra* an, und pressen Sie die angehaltene Luft schließlich mit *Uddiyana Bandha* nach oben, so daß sich aufsteigender und absteigender Atem (*Apana* und *Prana*) vereinigen. Verharren Sie so, so lange Sie dies problemlos können. Lösen Sie sodann die Verschlüsse, und atmen Sie wieder aus.

Diese Übung kann beliebig oft wiederholt werden.

Diese Übung reinigt und kräftigt das Atmungssystem, beseitigt Störungen im Bereich der Verdauungs-, Ausscheidungs- und Sexualorgane und weckt die Kundalini-Energie.

Die Mudras der Gheranda Samhita

Neben der *Hatha Yoga Pradipika* gilt die *Gheranda Samhita* als eine der autoritativen Yogaschriften. Sie beschreibt – außer den zehn *Mudras* der *Hatha Yoga Pradipika* – noch folgende *Mudras*:

- Yoni Mudra,
- Tadagi,
- Mandaki,
- Shambhavi,
- Panchadharana,
- Ashwini Mudra,
- Pashini,
- Kaki,
- Matangini und
- Bhujangini Mudra.

Auf die *Ashwini Mudra* wurde schon im Zusammenhang mit *Vajroli* eingegangen; *Panchadharana* (*Pancha* = Fünf, *Dharana* = Konzentration) ist eine Konzentrationstechnik, bei der für jeweils 2 1/2 Stunden die fünf Elemente – Erde, Wasser, Luft, Feuer und Äther – mit Hilfe ihrer Keimlaute (*Bija-Mantra*), ihrer Symbolfarbe etc. visualisiert werden. Diese Übung wird heute wohl kaum noch von jemandem durchgeführt – zumindest habe ich weder jemanden getroffen, noch von jemandem gehört, der sich dieser Übung in dieser Ausführlichkeit hingab – und für den westlichen Menschen ist wohl schon die hierfür benötigte Zeit Grund genug, sich an Stelle dessen lieber anderen Übungen, wie den folgenden, zuzuwenden.

Yoni Mudra/Shanmukhi Mudra –
Die Mudra der psychischen Quelle

»Yoni« bedeutet »Schoß, Ursprung, Quelle«, den Urgrund allen Werdens. Im *Tantrismus* wird das Absolute häufig als Vereinigung von *Yoni* und *Lingam* dargestellt. So stellt diese Übung einen Weg dar, zurückzukehren zur Quelle allen Seins, sich mit dem eigenen Selbst, dem Absoluten zu vereinen.

> *»Alle Sünden werden*
> *durch die Ausübung dieser Mudra völlig vernichtet.*
> *Deshalb sollte sie derjenige*
> *ausüben, der Befreiung wünscht.«*
> Gheranda Samhita III/44

Auch die *Shiva Samhita* betont die sündenbefreiende Wirkung dieser *Mudra* mit sehr drastischen Worten:

> *»Derjenige, der die Yoni Mudra ausübt,*
> *wird nicht von Sünden befleckt, selbst wenn er*
> *tausend Brahmanen ermordet oder alle*
> *Bewohner der drei Welten tötet.«*
> Shiva Samhita IV/7

Diese *Mudra* ist auch eine wichtige Technik des *Nada Yoga*, des *Yoga* des Klanges. Bei dieser Form des *Yoga* wird versucht, mit Hilfe von Klängen, die im Körper produziert oder vernommen werden, Erleuchtung zu erreichen. Diese *Mudra* ist außerdem eine gute Übung für *Pratyahara*, das Zurückziehen der Sinne von der Außenwelt und damit eine Vorstufe zum Erzielen einer meditativen Wirklichkeit. Setzen Sie sich zu dieser Übung am besten in *Siddhasana* (Vollkommene Stellung) oder den *Lotussitz*. Halten Sie nach einer langsamen, tiefen Einatmung

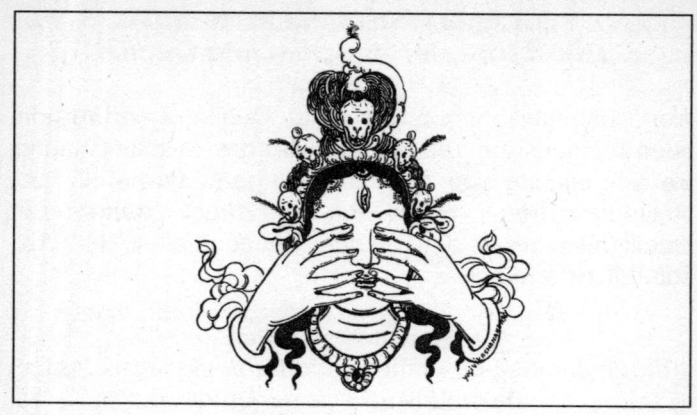

Abb. 23: Yoni Mudra

den Atem an, und verschließen Sie die (sich am Kopf befindenden) »Öffnungen zur Außenwelt« (s. Abb. 23):

- die **Ohren** mit den beiden Daumen,
- die **Augen** mit den Zeigefingern,
- die **Nase** mit den beiden Mittelfingern,
- den **Mund**, indem man die Oberlippe mit den beiden Ringfingern nach unten preßt, die Unterlippe mit den beiden kleinen Fingern nach oben.

Richten Sie die Blickrichtung der geschlossenen Augen nach oben; und schauen Sie in sich selbst hinein. Halten Sie die Luft so lange an, wie es Ihnen ohne Anstrengung möglich ist. Lösen Sie dann den Verschluß der Nase durch die Mittelfinger, atmen Sie langsam aus – die anderen Finger bleiben an ihrem Platz – atmen Sie langsam wieder ein. Wiederholen Sie diese Übung beliebig oft. Mit fortschreitender Übungserfahrung sind Sie in der Lage, mystische innere Töne wahrzunehmen, die *Anahata Nadas*. Eine Variation, die in der *Gheranda Samhita* beschrieben wird, besteht darin, daß die Einatmung mit kreisförmig geschürzten Lippen durch den Mund erfolgt, der sogenannten *Kaki Mudra,* der *Mudra* des Krähenschnabels. Dann konzentriert man sich in aufsteigender Reihenfolge auf die *Chakren* und wiederholt hierbei ständig die Mantren *Hum* und *Hansa.*

Diese Mudra ist eine ausgezeichnete Übung, um das Bewußtsein von den Dingen der Außenwelt zurückzuziehen (Pratyahara) und es mit seinem wahren Urgrund zu vereinen: unsterblichem Klang. In schwärmerischen Worten beschreibt die Gheranda Samhita die Wirkungen dieser Mudra:

*»Wer diese Mudra ausübt,
wird von keiner Sünde berührt,
selbst wenn er einen Brahmanen tötet
oder ein Ungeborenes, berauschende Getränke
trinkt oder das Bett seines Lehrers beschmutzt.
Alle läßlichen Sünden und alle Todsünden
werden vollständig durch die Praxis
dieser Mudra zerstört. Deshalb sollte
sie derjenige üben, der Befreiung wünscht.«*
Gheranda Samhita III/43,44

Tadagi – Die Mudra des Fasses

»In Pashimothanasana sitzend, während man den Bauch wie ein Faß ausdehnt, wird Tadagi genannt. Diese Mudra beseitigt Verfall und Tod.«
Gheranda Samhita III/61

Abb. 24: Tadagi Mudra

Setzen Sie sich hierzu mit vollständig gestreckten Beinen
auf den Boden. Umfassen Sie die Fußzehen mit beiden
Händen. Atmen Sie nun tief ein, und dehnen Sie die Un-
terleibsmuskeln möglichst weit. Halten Sie den Atem an-
strengunglos einige Augenblicke an, atmen Sie aus, und
entspannen Sie sich. Atmen Sie dann entspannt ein und
aus. Wiederholen Sie diesen Übungsablauf fünf- bis zehnmal (s. Abb. 24).

Während der gesamten Übungsdauer bleiben die Fußzehen umfaßt, die Aufmerksamkeit ist auf das Nabelzentrum (*Manipura Chakra*) gerichtet.

***Diese Übung tonisiert alle Organe
des Unterleibs und des Bauches. Sie verbessert
den Verdauungsprozeß und beseitigt Störungen
in diesem Bereich. Darüber hinaus***

regt sie das Nervengeflecht im Bereich der Eingeweide an, das viele innere Organe im gesamten Körper mit Energie versorgt.

Bhujangini Mudra – Die Atmung der Kobra

Setzen Sie sich hierzu in eine der Meditationshaltungen (oder *Tadagi*), und »trinken« Sie gleichsam die Luft, d.h. versuchen Sie, die Luft in den Magen zu leiten anstatt in die Lungen. Dies gelingt am ehesten, wenn man die Luft in kleinen Schlucken (wie beim Trinken eines Glases Wasser) zu sich nimmt.

Dehnen Sie den Bauch so weit wie möglich, halten Sie die Luft für einige Augenblicke im Bauchraum. Stoßen Sie die Luft nun wieder aus, indem Sie leicht aufstoßen.

Wiederholen Sie diese Übung drei- bis fünfmal.

Diese Mudra verjüngt die Speiseröhre und die Drüsen, die die Verdauungssäfte produzieren. Sie tonisiert den Magen, regt den Verdauungsapparat an und beseitigt eine Vielzahl von Magenproblemen, insbesondere Magenverstimmungen und Verdauungsstörungen.

Kaki Mudra – Der Krähenschnabel

Setzen Sie sich wie bei der vorangegangenen Übung in eine der Meditationshaltungen oder *Tadagi*. Formen Sie mit den Lippen eine Röhre, ähnlich einem Vogelschnabel – daher der Name. Atmen Sie nun langsam und tief ein. Starren Sie dabei auf die Nasenspitze. Schließen Sie

Abb. 25: Kaki Mudra

dann den Mund, und atmen Sie langsam durch die Nase wieder aus (s. Abb. 25).

Diese Übung kann beliebig oft – auch außerhalb der »normalen« Übungszeiten – wiederholt werden.

Die Kaki Mudra stimuliert die Verdauungssäfte und hilft bei der Vorbeugung und Beseitigung einer Vielzahl von Krankheiten. Außerdem schärft sie den Geschmackssinn, beruhigt das Gesamtbefinden und wirkt kühlend auf den Körper.

Die drei *Mudras* Tadagi, Bhujangini und Kaki Mudra stehen in enger Beziehung zueinander: Sie stimulieren Wangen und Mundhöhle, reinigen und kräftigen den Rachenraum, die Speiseröhre und den Magen und beseitigen so viele Krankheiten in diesem Bereich. Sie werden deshalb häufig in Verbindung miteinander geübt.

Die *Tadagi-Bhujangini-Kaki-Einheit* besteht darin, daß wir mit der *Kaki Mudra* die Luft »schlucken« (*Bhujangini*) und dabei die *Tadagi Mudra* ausführen. Diese Einheit ist höchst wirkungsvoll und gleichzeitig zeitsparend.

Mandaki Mudra –
Die Mudra des Frosches

»Den Mund schließen, die Zungenspitze
gegen den Gaumen pressen,
und dabei den Nektar spüren, der vom tausend-
blättrigen Lotus herabströmt,
dies ist die Mudra des Frosches. – Der Körper
wird weder krank noch alt, sondern er behält
seine Jugendlichkeit; wer dies praktiziert,
dessen Haar wird niemals weiß.«
Gheranda Samhita III/62,63

Die *Gheranda Samhita* schreibt bei dieser *Mudra* keine bestimmte Sitzhaltung vor, meist wird sie in **Bhadrasana**, der »Sanften Stellung«, ausgeführt. Knien Sie sich mit aufrechtem Oberkörper hin. Spreizen Sie nun die Knie so weit wie möglich, und setzen Sie sich zwischen die Füße, wobei die großen Zehen sich möglichst weiterhin berühren. Entspannen Sie sich in dieser Haltung. Sitzen Sie möglichst aufrecht, und fixieren Sie mit den Augen die Nasenspitze. Atmen Sie langsam und tief durch die Nase ein, und konzentrieren Sie sich hierbei auf alle Geruchsempfindungen.

Neben den in der Gheranda Samhita
erwähnten Auswirkungen verstärkt die Mandaki

Mudra *das Geruchsempfinden und belebt das Muladhara Chakra (Wurzelzentrum). Sie ist außerdem eine ausgezeichnete Vorbereitung auf tiefere Stadien der Meditation.*

Shambhavi Mudra –
Das Starren auf das Zentrum zwischen den Augenbrauen

Der Name dieser *Mudra* geht auf einen Beinamen *Shivas* zurück, den Schutzgott der *Yogin*.

Shambhu oder *Shambhava* bezeichnet den freundlichen, lebensspendenden Aspekt *Shivas* (Skrt. *Shambhu* = der »Segensreiche«). Häufig wird *Shiva* mit dieser *Mudra* dargestellt, auf einem Tigerfell auf dem Berg *Kailash* thronend.

*»Die Veden, die Schriften und Puranas[47]
sind wie gewöhnliche Frauen,
aber diese Shambhavi Mudra sollte geschützt werden
wie eine Frau aus guter Familie.*

*Maheshvara (Shiva) sagte:
Wahrlich, wahrlich und abermals wahrlich,
wer diese Shambhavi Mudra kennt, ist Brahma.
Daran gibt es keinen Zweifel.«*
Gheranda Samhita III/65,67

*»Man fixiert den Blick auf den Raum
zwischen den Augenbrauen und versinkt in der
Betrachtung des Absoluten. Dies wird
Shambhavi Mudra genannt,
geheimgehalten in allen Schriften (Tantras).«*
Gheranda Samhita III/64

Setzen Sie sich zu dieser Übung in eine der Meditationsstellungen. Der Rücken ist gerade aufgerichtet, die Hände
liegen in der *Chin Mudra* (Geste Göttlichen Bewußtseins)
oder der *Jnana Mudra* (Geste des Wissens und der Weisheit) auf den Knien. Nun starrt man zunächst (wie bei
Trataka) auf einen Punkt vor sich. Dann hebt man den
Blick so weit wie möglich – ohne den Kopf zu bewegen –
und fixiert das Zentrum zwischen den Augenbrauen. In
dieser Stellung betrachtet man – ohne sich damit zu iden-
tifizieren – den Strom der Gedanken, bis dieser schließlich versiegt, und meditiert über das Absolute (*Atman-
Brahman*).

Diese Übung wird zunächst nur wenige Minuten aus-
geübt (s. Abb. 26). Die Dauer kann mit fortschreitender
Übung langsam erhöht werden.

**Die Shambhavi Mudra gilt als gutes Mittel
zur Stärkung der Augenmuskulatur und damit zur
Beseitigung von Sehschwächen.**

Abb. 26: Shambhavi Mudra

**Darüber hinaus werden ihr eine Reihe eso-
terischer Wirkungen zugesprochen, weshalb sie
in den »alten Schriften« (Tantra Shastras)
so hochgeschätzt wird:**

- **Sie beruhigt den Geist und
  beseitigt Streß und Zorn,**
- **sie erhöht die Fähigkeit und
  die Macht der Konzentration,**
- **sie öffnet das Ajna Chakra
  und**
- **gilt als mächtige Übung, das
  Alltagsbewußtsein zu transzendieren.**

Matangini Mudra –
Die Mudra des Elefanten

Diese *Mudra* ähnelt sehr stark der vorne beschriebenen
Nasenreinigung, dem *Neti*. Ihre klassische Ausführung, wie
sie die *Gheranda Samhita* beschreibt, ist mir allerdings
noch nie begegnet. Man begnügt sich aus einer Vielzahl
von Gründen eher mit dem einfacher durchzuführenden
und hygienischeren *Neti*. Der Vollständigkeit halber sollte
jedoch auch diese *Mudra* zumindest erwähnt werden.

*»An einem einsamen Platz, frei von menschlicher
Störung, sollte man mit größter Achtsamkeit diese
Mudra des Elefanten ausüben.«*
Gheranda Samhita III/90

*»Man steht in nackentiefem Wasser,
zieht das Wasser durch die Nasenlöcher ein und stößt
es durch den Mund wieder aus.*

Dann zieht man das Wasser mit dem Mund ein
und stößt es durch die Nasenlöcher wieder aus.
Dies wiederholt man wieder und wieder.
Dies wird die Mudra des Elefanten genannt,
der Überwinder von Verfall und Tod.«
Gheranda Samhita III/88,89

Die *Gheranda Samhita* beschließt das Kapitel über die
Mudras mit einer Hymne auf deren positive Auswirkungen:

»O Chanda Kapali, so habe ich Dir
dieses Kapitel über die Mudras dargelegt.
Sie werden von allen Eingeweihten geliebt und
überwinden Verfall und Tod.
Dies sollte nicht wahllos (jedermann) gelehrt werden,
weder Gottlosen noch denjenigen ohne Vertrauen.
Diese Übungen sollten sehr sorgfältig geheimgehalten
werden; sie sind sehr schwer zu erreichen,
selbst für die Götter.«
Gheranda Samhita III/94,95

»Diese Mudras überwinden alle Krankheiten. Sie
schüren das Feuer der Verdauung bei demjenigen, der
sie täglich praktiziert.

Zu ihm kommen niemals Tod oder Verfall; er ist frei
von Angst vor Feuer und Wasser und Äther.

Husten, Asthma, Erweiterung der Milz, Lepra und
zwanzigerlei Erkrankungen werden wahrlich durch die
Praxis dieser Mudras überwunden.

O Chanda! Was sollte ich Dir mehr sagen? Kurz:
Es gibt nichts den Mudras Ähnliches in dieser Welt,
um den Erfolg schnell zu erreichen.«
Gheranda Samhita III/97-100

Weitere wichtige Mudras

Im Laufe der Jahrhunderte, ja, Jahrtausende, hat sich natürlich eine Vielzahl – zum Teil nur in Nuancen – unterschiedlicher *Mudras* herausgebildet.

Gemeinsam ist den meisten eines: daß sie nahezu in Vergessenheit geraten sind, nur noch wenige Meister dieses Wissen bewahrt haben.

Neben den in der

– Gheranda Samhita,
– Shiva Samhita und
– Hatha Yoga Pradipika

dokumentierten *Mudras* sind die folgenden *Mudras* und *Hastas* (Handhaltungen) noch von einiger Bedeutung.

Yoga Mudra –
Das Siegel des Yoga

Die Ausgangsposition für diese Mudra ist der Lotussitz (*Padmasana*); sollte diese Position – vor allem zu Beginn – zu unangenehm oder schmerzhaft sein, wählt man den Diamantsitz (*Vajrasana*).

Entspannen Sie sich, schließen Sie die Augen, und umfassen Sie mit der rechten Hand das linke Handgelenk hinter dem Rücken. Atmen Sie langsam und möglichst vollständig aus, halten Sie die Atmung an, und konzentrieren Sie sich auf das Wurzelzentrum (*Muladhara Chakra*). Verweilen Sie – so lange dies anstrengungslos möglich ist – in dieser Position.

Abb. 27: Yoga Mudra

Atmen Sie dann langsam ein. Fühlen Sie, wie Atem und Bewußtsein gleichermaßen langsam vom Wurzelzentrum zum Stirnzentrum (*Ajna Chakra*) aufsteigen. Halten Sie den Atem einige Augenblicke lang an, und konzentrieren Sie sich auf das Stirnzentrum.

Beugen Sie nun den Oberkörper langsam nach vorne, während Sie gleichzeitig ausatmen – Atmung und Körperbeugung verlaufen völlig synchron:

Die Vorwärtsbeugung beginnt mit dem Ausatmen, die Stirn berührt genau in dem Augenblick den Boden, wenn vollständig ausgeatmet ist (s. Abb. 27).

Beim Ausatmen fühlt man, wie Atem und Bewußtsein langsam vom Stirnzentrum zum Wurzelzentrum wandern. Man hält die Atmung eine Weile an und konzentriert sich auf das Wurzelzentrum. Dann richtet man den Oberkörper wieder langsam auf, während man einatmet – auch hier verlaufen Atmung und Körperbewegung völlig synchron, strömen Atem und Bewußtsein wieder langsam vom Wurzelzentrum zum Stirnzentrum.

Nach vollständiger Einatmung hält man den Atem an und konzentriert sich auf das Stirnzentrum. Dann atmet man aus, beugt den Oberkörper nach vorn und wiederholt den gesamten Prozeß ein paarmal.

*Diese Übung gilt als ausgezeichnetes
Mittel zur Unterleibsmassage
und damit zur Stimulation aller inneren Organe
des Bauchraumes.
Auch die Wirbelsäule wird durch diese Übung
geschmeidiger.
Darüber hinaus dient diese Mudra zur
Erweckung der Kundalini-Energie.*

Shanti Mudra/Prana Mudra – *Friedensmudra*

Diese Mudra *verdankt* ihre unterschiedlichen Namen zweier Betrachtungsweisen: *Prana Mudra* beschreibt eher den Vorgang, die Verteilung der vitalen Energie, *Prana*, im Körper; *Shanti Mudra* beschreibt die hieraus resultierende Wirkung: das Gefühl eines tiefen inneren Friedens.

Für diese *Mudra* sind Lotussitz (*Padmasana*) oder *Siddhasana* (Vollkommene Stellung) am besten geeignet. Sollten diese noch zu unbequem sein, führt man die *Mudra* in der »Leichten Stellung« (*Sukhasana*) oder im »Diamantsitz« (*Vajrasana*) durch.

1. Sitzen Sie völlig entspannt mit geschlossenen Augen, die Hände in der *Dhyana Mudra* (Handrücken nach unten) im Schoß gefaltet. Atmen Sie tief ein, dann aus; ziehen Sie die Unterleibsmuskulatur zusammen, um eventuell verbliebene Restluft zu entfernen. Konzentrieren Sie sich nun auf das *Muladhara Chakra* (Wurzelzentrum), und wenden Sie *Mula Bandha* an, die Atmung bleibt während dieser ersten Phase angehalten. Verweilen Sie in dieser Stellung so lange, wie Sie dies als angenehm empfinden.

2. Lösen Sie dann *Mula Bandha*, Atmen Sie langsam und tief ein. Dehnen Sie den Unterleib so weit wie möglich, um möglichst viel Luft und damit *Prana* – aufnehmen zu können. Führen Sie gleichzeitig die Hände langsam zur Nabelgegend; die Handflächen berühren den Bauch, die leicht geöffneten Finger zeigen zueinander, ohne sich zu berühren. Fühlen Sie den Aufstieg der vitalen Energie im Gleichklang mit der Unterleibsatmung vom *Muladhara Chakra* (Wurzelzentrum) zum *Manipura Chakra* (Nabelzentrum).

3. Setzen Sie in der dritten Phase die Einatmung fort, indem Sie nun den Brustraum weiten, die Hände bis zur Herzgegend führen und gleichzeitig den Aufstieg von *Prana* vom *Manipura Chakra* (Nabelzentrum) zum *Anahata Chakra* (Herzzentrum) wahrnehmen.

4. Heben Sie nun leicht die Schultern, um die Atemluft tiefer in die Lungenspitzen einzuziehen. Führen Sie die Hände gleichzeitig zur Vorderseite des Halses. Die Lebensenergie wird nun vom *Anahata Chakra* (Herzzentrum) zum *Vishuddhi Chakra* (Kehlkopfzentrum) gezogen und springt von hier wie eine Woge zum *Ajna Chakra* (Stirnzentrum) und – eventuell – zum *Sahasrara Chakra* (Scheitelzentrum).

5. Halten Sie die Luft so lange, wie es bequem möglich ist, an, breiten Sie die Arme – ganz leicht angewinkelt – mit den Handflächen nach oben aus, und konzentrieren Sie sich auf das Scheitelzentrum (*Sahasrara*). Hierbei können Sie u.U. eine Aura von klarem, reinem Licht um die Schädeldecke visualisieren und den Wunsch nach Frieden für die gesamte Schöpfung fühlen.

Bei der Ausatmung verfährt man in der umgekehrten Reihenfolge, – Hals, Herz, Nabel, Schoß – während man den »Abstieg« von *Prana* durch die einzelnen Energiezentren spürt, so daß am Ende der Ausatmung die Aufmerksamkeit auf *Mula Bandha* (Verschluß des Perineums) liegt. Entspannen Sie sich, und atmen Sie langsam und tief ein und aus.

**Diese Übung eignet sich hervorragend zur
Einstimmung in die Meditation!**

*Prana Mudra **weckt die Lebensenergie
und verteilt sie im ganzen Körper.
Der Körper wird dadurch gekräftigt und verjüngt.
Die Gesundheit wird gesteigert, die persönliche
Ausstrahlungskraft erhöht.***

Naumukhi Mudra –
Der Verschluß der neun Pforten

Der »Verschluß der neun Pforten« stellt eine Verbindung mehrerer *Mudras* dar:

– Yoni Mudra,
– Mula Bandha und
– Vajroli.

Nach der Yoga-Philosophie verbinden den Körper neun Öffnungen mit der Außenwelt:

– zwei Augen,
– zwei Ohren,
– zwei Nasenlöcher,
– Mund,
– After,
– die Öffnung der Blase.

142

Diese gelten als die ›neun Tore zur Festung des Körpers«. Werden sie geschlossen, wird der Übende fähig, das ›zehnte Tor« in der Schädeldecke zu durchschreiten, *Sahasrara*, das Scheitelzentrum, das »TOR BRAHMAS«. Hierdurch wird absolutes Bewußtsein erlangt.

Setzen Sie sich hierzu in eine Meditationsstellung, die Sie als angenehm empfinden. Schließen Sie die Augen. Entspannen Sie sich, atmen Sie langsam und tief ein. Gleichzeitig mit der Atmung fühlen Sie, wie das Bewußtsein langsam vom Wurzelzentrum (*Muladhara Chakra*) zum Scheitelzentrum (*Sahasrara*) aufsteigt. Konzentrieren Sie sich einige Augenblicke auf jedes der Energiezentren (*Chakren*), die nacheinander erreicht werden. Halten Sie nun den Atem an, schließen Sie Augen, Ohren, Nase und Mund wie bei der *Yoni Mudra* (Die Psychische Quelle), und führen Sie gleichzeitig *Mula Bandha* (Verschluß des Perineums) und *Vajroli* (Mudra des Donnerkeils) aus. Konzentrieren Sie sich auf das Scheitelzentrum, während Sie die Luft so lange wie möglich anstrengungslos anhalten.

Lösen Sie dann den Verschluß der Nasenlöcher und *Mula Bandha*, und atmen Sie gleichzeitig langsam aus; die anderen Pforten – Augen, Ohren, Mund und Blase – bleiben verschlossen, die Aufmerksamkeit verweilt im Scheitelzentrum.

Entspannen Sie sich einen Augenblick.

Wiederholen Sie diese Übung, so oft Sie mögen.

Mit fortgeschrittener Übung kann man schon während der Einatemphase mit *Vajroli* beginnen (siehe *Vajroli*).

Die Auswirkungen dieser Übung sind die gleichen wie bei der Yoni Mudra, nur daß sie hier noch durch Mula Bandha und Vajroli verstärkt werden.

Diese Übung weist auch eine enge Verwandtschaft mit Praktiken des tibetischen *Vajrayana-Buddhismus* auf, bei denen versucht wird, die »zehnte Pforte« zu öffnen, um

1. ein bewußtes »Todeserlebnis« in der Meditation herbeizuführen und dadurch ein höheres Bewußtsein zu erlangen und
2. den Zeitpunkt des eigenen Todes frei wählen zu können und völlig bewußt zu sterben, um befreit in das »Land des reinen Lichtes« einzugehen.

Hastas und Bandhas –
Arm- und Handhaltungen

Die Mudras der Hände und Arme ähneln zum einen unseren Gebetsgesten; zum anderen bilden sie ein recht ausgeprägtes Kommunikationsmittel (zum Beispiel im indischen Tanz oder bei der ikonographischen Darstellung der verschiedenen Gottheiten); drittens sieht die indische Philosophie einen engen Zusammenhang zwischen den einzelnen Fingern und den Hauptorganen des Körpers und den sie »regierenden« Energiezentren (*Chakren*):

- Dem Daumen wird das Nabelzentrum
  (*Manipura Chakra*) zugeordnet,
- dem Zeigefinger das Herzentrum (*Anahata Chakra*),
- dem Mittelfinger das Kehlkopfzentrum
  (*Vishuddha Chakra*),
- dem Ringfinger das Wurzelzentrum
  (*Muladhara Chakra*),
- dem kleinen Finger das Unterleibszentrum
  (*Swadhisthana Chakra*).

Mit den Hand- und Armhaltungen werden nun zum einen die einzelnen *Chakren* harmonisiert, zum andern wird eine bestimmte Geisteshaltung symbolisiert und mit fortschreitender Übung erreicht.

Eine sehr anmutige und einen immer wieder berührende *Mudra*, die einem in Indien täglich viele Male begegnet, ist die »*Mudra* der Begrüßung und der Anbetung«, *Anjali Mudra*. Hier werden die Hände vor der Brust leicht zusammengelegt, die Fingerspitzen berühren sich. Auch in einigen Übungen des *Hatha Yoga* (z.B. *Surya Nama-*

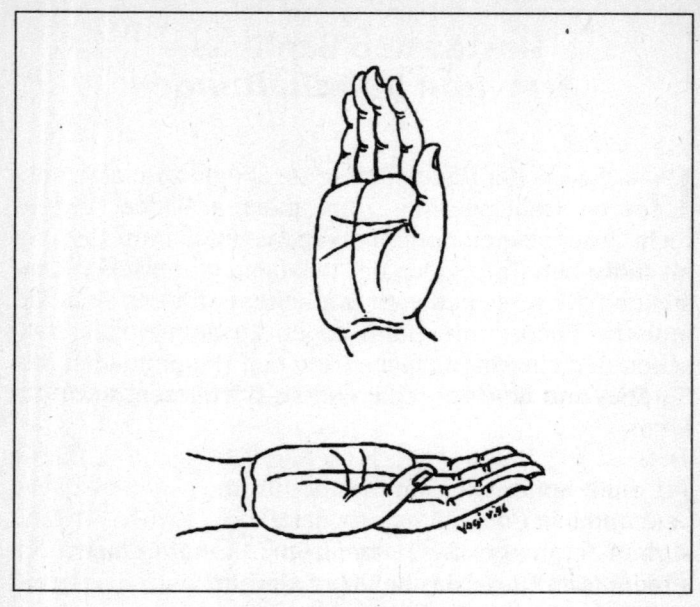

Abb. 28: Abhaya

kar, dem »Gruß an die Sonnne«) findet diese Mudra Anwendung.

Eine andere – vor allem im buddhistischen Bereich –
häufig vorkommende Mudra ist *Abhaya* (s. Abb. 28), die
»Geste der Schutzgewährung« oder der »Furchtabwen-
dung«. Hier wird die rechte Hand mit der Handfläche nach
vorn mit erhobenen Fingern in Schulterhöhe gehalten.

Die wichtigsten Handhaltungen für die tägliche Medita-
tionspraxis sind jedoch:

– Dhyana Mudra (Geste der Meditation),
– Chin Mudra (Geste der Bewußtheit, auch der Lehr-
  verkündung),
– Jnana Mudra (Geste des Wissens).

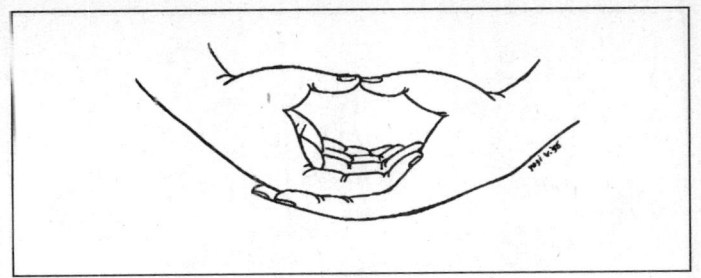

Abb. 29: Dhyana Mudra

Dhyana Mudra – *Die Geste der Meditation*

Dies ist die traditionelle Meditationshaltung der Hände für viele spirituelle Schulen des Ostens, hinduistische und buddhistische. Sie symbolisiert den tiefsten Zustand der Meditation, die letztmögliche Transzendenz: *Samadhi*, und ist daher auch als *Samadhi Mudra* bekannt. Traditionell liegt der Rücken der rechten Hand auf der nach oben gerichteten Handfläche der linken im Schoß; die Daumenspitzen berühren sich leicht (s. Abb. 29). Die oben liegende rechte Hand symbolisiert bei dieser *Mudra* den Zustand der Erleuchtung (*Samadhi*), die linke, untenliegende die vergängliche Welt der Erscheinungen (*Samsara*).

Chin Mudra und Jnana Mudra – *Die Gesten der Bewußtheit und des Wissens*

Chin Mudra (s. Abb. 30) und *Jnana Mudra* (s. Abb. 31) sind weitgehend identisch. Sie gelten als »psycho-neurale« Handhaltungen, die die Wirkungen der Asanas unterstützen und verstärken.

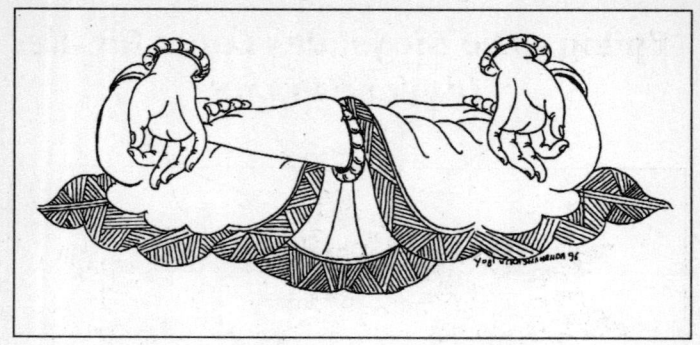

Abb. 30: Chin Mudra

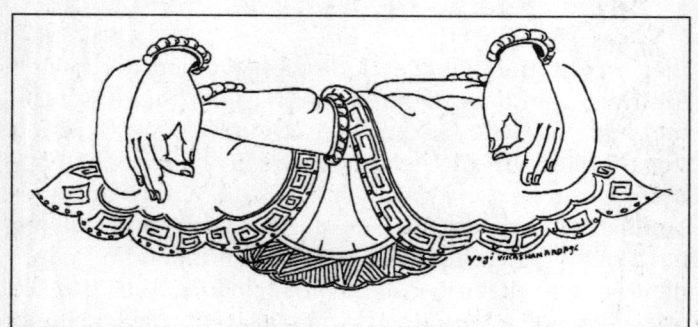

Abb. 31: Jnana Mudra

Bei beiden *Mudras* bildet der Zeigefinger mit dem Daumen einen Ring, die übrigen Finger sind gestreckt, die Hände ruhen auf den Knien. Der Unterschied zwischen den beiden *Mudras* besteht nun darin, daß die Handflächen bei der *Chin Mudra* nach oben zeigen, bei der *Jnana Mudra* nach unten.

Epilog – Die Siegel des Lotus für die tägliche Praxis

Einst erklärte mir einer meiner Yoga-Freunde: »Wenn du in die *dhavakhana*, die Apotheke, gehst, »kaufst du dir doch auch nicht alle möglichen Pülverchen und Pillen, sondern nur das, was du gerade benötigst. So solltest du es auch mit der Vielzahl von *Asanas*, *Pranayamas*, *Mudras* und *Bandhas* halten.«

Doch welches sind hier DIE RICHTIGEN? Jeder sollte hier zunächst einmal auf den eigenen Körper hören: Er weiß am besten, was er benötigt! Einige Übungen jedoch eignen sich für jeden; und niemand sollte deren segensreiche Wirkungen vermissen. Natürlich steht am Anfang der TÄGLICHEN PRAXIS etwas Schweiß, die Überwindung der eigenen Trägheit. Doch hat man diese Übungen erst einmal gemeistert, will man sie nicht mehr missen.

Sicher können die meisten hier im Westen – auf Grund ihres Tagesablaufes mit Arbeit und Terminen und Familie und und und – Yoga nicht so konsequent ausüben, wie das am Fuße des Himalayas, umgeben von den ewigen Höhen, dem sanften Rauschen des Ganges und dem Wispern in den Zweigen der uralten Dschungel, möglich ist. Doch mit etwas Ausdauer und Energie gelingt es beinahe jedem von uns, etwas von dieser uralten und doch ewig jungen Weisheit in seine tägliche Routine einzubauen. Der folgende Vorschlag einer solchen »Yoga-Runde« stellt wirklich nur eine Möglichkeit aus einer nahezu unbegrenzten Vielzahl von Varianten dar.

Ein vollständiges »Yoga-Programm« besteht aus:

- Reinigungsübungen (Kriyas),
- Körperstellungen (Asanas),
- Atemübungen (Pranayamas),
- Verschlüssen und Siegeln (Bandhas und Mudras),
- Meditation (Samyama).

Baut man dies in sein Tagesprogramm ein, so könnte das zum Beispiel so aussehen:

150

Die Morgentoilette wird durch die Mund- und Rachenreinigung (*Hrid Dhauti*), Nasenreinigung (*Jala Neti*) und die Unterleibsmassage (*Agnisara Dhauti/Nauli*) ergänzt.

Dann wendet man sich den **Körperhaltungen** (*Asanas*) zu – hier finden selbstverständlich auch alle jene *Asanas* ihren Platz, die nicht in diesem Buch dargestellt wurden.

Man beginnt (nach einigen Aufwärmübungen, z.B. dem GRUSS AN DIE SONNE) mit

Übungen im Stehen (z.B. TADASANA, TIRYAKA TADASANA, KATI CHAKRASANA), dann

Übungen im Sitzen (z.B. DIAMANTSITZ, LOTUSSITZ, YOGA MUDRA), schließlich

Übungen im Liegen (z.B. VIPARITA KARANI, MAHA MUDRA, MAHA BEDHA).

Darauf folgen (in einer der Meditationshaltungen) einige **Atemübungen** (BHASTRIKA-KRIYA, langsame Wechselatmung unter Einsatz der drei BANDHAS).

Den **Übergang zur Meditation** bilden MAHA BANDHA, ASHWINI MUDRA-MULA BANDHA-VAJROLI-KOMBINATION, SHANTI MUDRA, TRATAK und NAUMUKHI MUDRA.

Die **Meditation** wird mit KHECHARI MUDRA und DHYANA MUDRA in einer der Meditationshaltungen durchgeführt.

Ist selbst diese »Runde« noch zu zeitaufwendig, so teilt man sie nochmals auf, führt einen Teil davon morgens, den Rest am Abend durch.

Darüber hinaus sollte einmal im Monat VARISARA DHAUTI und KUNJALA KRIYA ausgeführt werden.

> *»Wer dieses schaut, schaut nicht den Tod,*
> *Er sieht weder Krankheit noch Leid.*
> *Wer dieses schaut, schaut alles, was ist,*
> *Er erlangt alles überall.«*
> Chandogya Upanishad

Anmerkungen

[1] Auf Asanas und Pranayamas wird in diesem Buch nur kurz eingegangen, da hierzu schon eine große Anzahl von Veröffentlichungen erschienen ist und diverse Kurse angeboten werden.

[2] Die Ganga = der Ganges; Flußnamen sind in Indien in der Regel weiblich. Der Ganges wird auch als Ganga Ma, als Mutter Ganges, verehrt.

[3] Ashram = Kloster, Versammlungsstätte spirituell Suchender.

[4] Swami = »Herr«, Angehöriger eines relig. Ordens.

[5] Vgl. hierzu V. Christmann, Das Yoga-Buch, München 1992.

[6] Pipal = ficus religiosa, indischer Feigenbaum; heiliger Baum Asiens.

[7] Ghat = Badeplatz für das rituelle Bad.

[8] Chappatie = indisches Fladenbrot.

[9] Advaita Vedanta = Philosophie der »Nicht-Zweiheit«, der Einheit von Schöpfer und Schöpfung.

[10] Pujari of Ahimsa = Priester der Gewaltlosigkeit.

[11] Samskaras = Eindrücke und Nachwirkungen aus früheren Leben, die unser jetziges Leben prägen.

[12] Sadhana = Mittel zur Vollendung, Übungen zur Beherrschung des Yoga.

[13] Asanas = Stellung, Köperhaltungen des Yoga.

[14] Bandhas = Verschlüsse; Mudras = Siegel/Zeichen. Besondere Übungen des Hatha Yoga, die sich vor allem auf innere Organe beziehen.

[15] Sandhya = Dämmerung, Zwielicht.

[16] Im Indischen sind Wälder – ebenso wie Flüsse – weiblich.

[17] Eine andere gebräuchliche Einteilung ist die Einteilung in physischen Körper (*Stula*), Astralkörper (*Sukshma*) und Kausalkörper (*Karana*).

[18] – *Trikaya* = Drei Körper (eines Buddha): Körper des Gesetzes (*Dharmakaya*), Körper des Entzückens (*Sambhogakaya*), Körper der Verwandlung (*Nirmanakaya*).

– *Mahayana-Buddhismus* = »Großes Fahrzeug«, eine der Hauptrichtungen des Buddhismus.

[19] Eine Sitzhaltung des Yoga.

[20] Die Schöpfungskraft; vgl. hierzu S. 37

[21] In den klassischen Yoga-Schriften findet sich eine Vielzahl von Namen für diese drei wichtigsten Energiekanäle. Für *Ida* steht auch: *Yamuna, Chandra, Soma*; für *Pingala Ganga* und *Surya*; für *Shushumna Pashima, Brahmanadi, Shambavi*.

[22] Vgl. hierzu S. 80

[23] Vgl. hierzu S. 64

[24] Galle und Schleim sind zwei der drei "dosas" (Konstitutionen) des Ayur-Veda, die die Körperfunktionen regulieren.

[25] Vgl. hierzu S. 64 und 88

[26] Vgl. hierzu S. 121

[27] Samadhi = »Festmachen«, höchster, transzendenter Bewußtseinszustand; Moksha = »Befreiung, Erlösung«; Nirvana = »Verlöschen«, Erleuchtung.

[28] Vgl. hierzu S. 88

[29] Eine der drei »Dosas«, die nach dem Ayur Veda die Körperfunktionen regeln.

[30] Shambhavi Siddhis = Wunderkräfte Shivas in seinem segensreichen Aspekt als Shambu, der »Segensreiche«.

[31] Veda = Wissen, älteste Texte hind. Literatur.

[32] Sloka = Vers, Strophe.

[33] Shankara = großer Heiliger und Philosoph im 8. Jhd. n. Chr.

[34] Advaita = »Nicht-Zweiheit«, die Identität von Gott und Seele, Schöpfer und Schöpfung.

[35] Master key = Hauptschlüssel, Schlüssel zur Meisterschaft.

[36] Jalandhara Bandha, Mula Bandha, Uddiyana Bandha, Maha Bandha.

[37] Karma = Kette von Ursache und Wirkung aufgrund eigenen Tuns und Handels in diesem und in früheren Leben.

[38] Ein wirklich hoher Yogin! Sehr stark! Ein wirklicher Tantriker!

[39] »Nur für Hindus!«

[40] Vanaprashta = »Waldaufenthalt«, die dritte Lebensstufe im Leben eines gläubigen Hindu; in der er sich als Einsiedler in die Wälder zurückzieht. Die anderen sind: 1. Brahmacharya (Lehrzeit, Schüler), 2. Grihastha (Haushalter), in der ein weltliches Leben mit Familie begründet wird, 4. Sannyasa (Entsagung), die letzte Stufe, auf der allem Weltlichen entsagt wird.

[41] Tränen der Ekstase, der Verzückung.

[42] Gewürzter Tee.

[43] Indischer Feigenbaum, ficus religiosa.

[44] Schleim = *Kapha*, eine der drei Konstitutionen oder Trido*shas* des *Ayur Veda;* ist deren harmonisches Verhältnis im Körper gestört, entstehen Krankheit und Tod.

[45] tib. »Vater-Mutter« symbolisiert das Verschmelzen von weiblichem und männlichem Prinzip. Dies wird häufig durch die sexuelle Vereinigung eines Götterpaares oder Buddhas und Taras, des Aspekts weiblichen Erbarmens, in ritueller Positur (z.B. im Lotussitz) dargestellt.

[46] Geklärte Butter.

[47] Veden (Skrt. Veda = Wissen) älteste Texte der ind. Literatur; Puranas = versförmige Legenden über die Götterwelt.

Glossar

Acharya	Lehrer, Meister
Advaita Vedanta	Philsophie der »Nicht-Zweiheit«
Ahimsa	Skrt. »Nicht-Verletzen«
Asanas	Körperhaltung
Ashram	Versammlungsort spirituell Suchender, Pilgerstätte
Atman	Seele, unsterbliches Selbst
Bandha	Skrt. »Verschluß«
Bhakti Yoga	Einer der vier Hauptwege des Yoga, Yoga der Hingabe
Brahma	Schöpfer-Gottheit des Hinduismus
Brahmanen	Höchste hinduistische Kaste der Priester
Chakra	Skrt. »Rad«, Zentren feinstofflicher Energie
Chappatie	Ind. Fladenbrot
Dharana	Konzentration
Dhyana	Meditation, Versenkung
Hatha Yoga	Technik des Raja Yoga
Ida	»Linker« Energiekanal, entspricht dem Parasympathikus
Indra	Alter vedischer Gott des Firmaments

Jnana Yoga	Einer der vier Hauptwege des Yoga, Yoga der Erkenntnis
Karma Yoga	Einer der vier Hauptwege des Yoga; Yoga der Tat
Kriya	Reinigungsübung
Kshatriya	Hinduistische Kaste der Könige und Krieger
Kundalini	Skrt. »Schlange«, spirituelle Kraft am Ende der Wirbelsäule
Lotussitz	Meditationshaltung
Mantra	Heilige Silbe(n)
Mawn	Schweigen
Mudra	Skrt. »Siegel, Zeichen«, Körper- oder Handhaltung
Nadi	Skrt. »Röhre«, Energiekanäle im feinstoffl. Körper
Parvati	Gemahlin Shivas
Pingala	»Rechter« Energiekanal, entspricht dem Sympathikus
Pipal	Ficus religiosa, indischer Feigenbaum
Prakriti	Skrt. »Natur«, Urmaterie, zweite Realität der Sankhya-Philosophie
Prana	Atem, Lebensenergie
Pranayama	Beherrschung der Lebenskraft, Atemübungen
Pratyahara	Abziehen der Sinne von der Außenwelt

Purusha	Skrt. »Mensch«, höchstes Selbst = Atman = Brahman, eine der beiden Realitäten der Sankhya-Philosophie
Raja Yoga	Skrt. »Königlicher Yoga«, einer der vier Hauptwege des Yoga
Sadhana	Skrt. Mittel zur Vollendung, Yoga-Weg
Samadhi	Bewußtseinszustand, Aufgehen im Absoluten
Samsara	Skrt. »Wanderung«, Kreislauf von Geburt, Tod und Wiedergeburt
Samskara	Skrt. Eindrücke und Nachwirkungen früherer Leben
Sannyasin	Ein Mensch, der der Welt entsagt hat
Satori	Jap. »Erkennen«, Erleuchtung
Shakti	Skrt. »Kraft«, Personifizierung der Ur-Energie, Mutter-Gottheit und Gemahlin Shivas
Shanti	Frieden
Shatkarmas	Skrt. »Sechs Handlungen«, Reinigungsübungen (Kriyas)
Shiva	Skrt. der »Gütige«, dritte Gottheit der Hindutrinität
Shushumna	Mittlerer Energiekanal
Siddhasana	Sitzhaltung des Yoga
Siddhi	Skrt. »Vollkomene Fähigkeit«, übernatürliche Fähigkeiten

Sloka	Skrt. »Schall, Strophe«, altes indisches Versmaß
Swami	Skrt. »Herr«, Angehöriger eines Mönchsordens
Tantra	Skrt. »Gewebe«, zentrales Thema des Tantra ist die göttliche Energie (Shakti), daher häufig auch Übungen in Zusammenhang mit Sexualität
Vayu	Luft, Wind
Veden	Skrt. veda, »Wissen«, älteste Texte der hind. Literatur
Yantra	Religiöses Diagramm
Yoga	Skrt. »Joch«, praktischer Weg der Gotteserkenntnis
Yogi(n)	Yoga-Praktizierender
Zen	Jap. Übertragung des Sanskrit-Begriffes dhyana (Sammlung, Versenkung), Schule des Buddhismus

Kurze Bibliographie

Basnet, Lal Bahadur / Christmann, Volker: Superfitneß durch Yoga, München 1996

Brahmachari, D.: Yoga hilft heilen; Freiburg 1983

Chela Buddhananda: Moola Bandha, the master key; Munger/ Indien 1978

Christmann, Volker: Dynamisches Yoga; Düsseldorf 1994

Christmann, Volker: Das Yoga-Buch; München 1992

Devananda, Swami Vishnu: Das große illustrierte Yoga-Buch; Freiburg 1986

Iyengar, B. K. S.: Light on Yoga; New Delhi 1992

Johari, H.: Das große Chakra-Buch; Freiburg 1979

Patanjali: Die Wurzeln des Yoga; Bern 1976

Swami Satyananda Saraswati: Asana, Pranayama, Mudra, Bandha; Munger/Indien 1969

Shakardevananda, Dr. Swami Saraswati: The digestive System; Munger/Indien 1979

Sinh, Pancham (Übers.): The Hatha Yoga Pradipika; Allahabad 1914

Vasu, Rai Bahadur Srisa Chandra (Übers.): The Shiva Samhita; Allahabad 1914

Vasu, Rai Bahadur Srisa Chandra (Übers.): The Gheranda Samhita; Allahabad 1914

Walter, Hermann: Svatmarama's Hathayogapradipika, München 1893 .

Band 60370

Heinz Ryborz

**Die helfende und hei-
lende Kraft der Symbole**

Ist es Ihnen noch nie passiert, daß Sie an einem kalten,
dunklen Wintertag an einen sonnenwarmen Strand
gedacht haben – und Ihre Laune sich schlagartig besser-
te? Allein die bloße Vorstellung reichte aus, um ein Wohl-
gefühl auszulösen.
Prof. Dr. Heinz Ryborz zeigt in seinem Buch, wie die Ima-
ginationen von Bildern und Zeichen direkt das Unterbe-
wußtsein beeinflussen. Diese Symbolsprache wird nicht
intellektuell verstanden, sondern wirkt unmittelbar auf den
›Bauch‹ und kann fördernd oder hemmend auf Heilungs-
prozesse einwirken.

Mit Symbollexikon.